DIE SCHÖNSTEN ROUTEN IN DEN

USA

Unterwegs im Land von Freiheit und Abenteuer: Bis heute sind die Fahrten über die einsamen Highways und Interstates ein Traum für alle, die dem Hauch der tief verwurzelten amerikanischen Mythen nachspüren und die Weite und atemberaubende Vielfalt der USA auf eigene Faust entdecken wollen.

Fahrt durch den Zion National Park in Utah.

Auf dem Highway 1 nördlich von San Francisco, Kalifornien.

DIE SCHÖNSTEN ROUTEN IN DEN

USA

Fotos: Joachim Hellmuth, Peter Hirth, Axel Schenck, Hubert Stadler

Text: Manfred Braunger

BRUCKMANN

Inhaltsverzeichnis

Die Routen

Route **8 Von Vancouver nach Anchorage**
Noch immer ist im hohen Norden das Flair der Goldgräberzeit spürbar. Wo heute noch Pioniergeist den Alltag prägt, dehnt sich eine fast grenzenlose Wildnis aus, in der das Reisen mehr als nur einen Hauch von Abenteuer besitzt.

Route **6 Von Chicago nach San Francisco**
Getreidefelder, die bis zum Horizont reichen, weite Grasebenen, auf denen einst die Prärie-Indianer auf Bisonjagd gingen, und die Geisterstädte, malerische Zeugnisse des großen Goldrauschs: Auf dieser Tour werden die legendären Zeiten des Wilden Westens lebendig.

Route **7 Durch Kalifornien und Nevada**
Wüsten und uralte Redwood-Wälder, schneebedeckte Berge, glitzernde Seen und die Traumstrände am Pazifik: Unübertroffen ist die landschaftliche Vielfalt, die man auf der Rundreise im Westen der USA bestaunen kann.

Route **5 Entdeckungsreise im Canyonland**
Zierliche Felssäulen, gigantische Steinbögen, unwegsame Schluchten und traditionelle Pueblo-Dörfer: Die Route durch den amerikanischen Südwesten führt zu Naturwundern von erhabener Schönheit und macht mit alten Indianerkulturen bekannt.

Route **1** **Große Neuenglandrundfahrt**
Verträumte Hafenstädtchen, traditionsreiche Metropolen und eine fast unberührte Natur prägen den Nordosten Nordamerikas, der seine Besucher vor allem zur Zeit des grandiosen Farbenspiels der Laubwälder im Indian Summer verzaubert.

Route **2** **Von Boston nach Key West**
Die Weltmetropolen New York, Philadelphia und Washington, idyllische Museumsdörfer und die Naturschönheiten des subtropischen Florida: Wer das »Land der unbegrenzten Möglichkeiten« verstehen will, muss Amerikas Ostküste kennen lernen.

Route **3** **Von New York nach San Francisco**
Einmal von Osten nach Westen durch das weite Land der Viehzüchter und Cowboys, auf schnurgeraden Highways quer durch den ganzen Kontinent: Auf der Tour »from Coast to Coast« wird dieser Traum Wirklichkeit.

Route **4** **Rundkurs durch den tiefen Süden**
Ob in den prächtigen Herrenhäusern der Baumwollplantagen, in den legendären Country Clubs von Nashville oder im French Quarter von New Orleans – in den Südstaaten der USA kommen Romantiker und Musikfreunde gleichermaßen auf ihre Kosten.

594 DBM
9010

In der Wildnis aus Sand und Fels rund um Moab, Utah, gibt es Wege, die ausschließlich mit dem Geländewagen befahren werden können.

Wunderbare Neue Welt

Bunte Werbetafeln und Neonreklamen, eigenwillige Logos von Restaurants und Motels entlang der Highways sind Augenfutter für den Fahrer. oben
Die staubigen Trails der Pioniere sind durch die glatten Asphaltbänder der Highways ersetzt worden. Auf ihnen kann man große Entfernungen auf angenehme Weise und ohne Streß bewältigen. rechts

Im Januar 1998 feierten die USA ein denkwürdiges Jubiläum: Vor 150 Jahren hatte in Kalifornien die fieberhafte Jagd nach Gold begonnen. 1848 entdeckte ein gewisser James Marshall am Ufer des American River in einem frisch ausgehobenen Graben eine Hand voll glitzernder Körnchen Edelmetall. Als die Nachricht von seinem spektakulären Fund sich in den folgenden Wochen und Monaten bis nach San Francisco verbreitete und US-Präsident James K. Polk (1795–1849) den staunenden Kongressabgeordneten einen Lederbeutel voller Nuggets präsentierte, gab es kein Halten mehr.
Zehntausende von Glücksrittern verfielen dem kalifornischen Goldrausch, der den amerikanischen Westen prägen sollte wie kein anderes Ereignis seiner Geschichte.

Land der unbegrenzten Möglichkeiten. In den seit damals verstrichenen eineinhalb Jahrhunderten waren Gold und Silber nicht die einzigen Lockmittel, die Millionen von Menschen in allen Teilen der Welt dazu veranlassten, sich auf den Weg nach Amerika zu machen. Die riesigen Dimensionen des Landes und die damit verbundenen Möglichkeiten trugen wesentlich zur Anziehungskraft Nordamerikas bei. Bis zur Mitte des 19. Jahrhunderts waren weite Gebiete westlich des Mississippi noch unerschlossenes Indianerterritorium.
Bereits die Präsidenten Thomas Jefferson (1743–1826) und Andrew Jackson (1767–1845) hatten begehrliche Blicke auf den Westen des Kontinents geworfen. Meriwether Lewis und William Clark hatten zwischen 1804 und 1806 eine Expedition in diese unbekannte Welt geführt und dabei deren Potenzial als Siedlungsraum und Wirtschaftsgebiet ausgekundschaftet.
Danach sollte es allerdings noch gut ein Jahrhundert dauern, bis das an die Pazifikküste und an den Río Grande reichende Gebiet in Einzelstaaten aufgeteilt und in die amerikanische Union integriert war.

Der »American Dream« der Europäer. Aus dem Blickwinkel der europäischen Kleinstaatenwelt war Nordamerika kein Land, sondern ein Kontinent mit einer fast grenzenlosen Fläche. Mit der Vorstellung von riesigen Naturräumen verbanden aus

Europa kommende Entdecker und Abenteurer, Einwanderer und Reisende schon immer Chancenreichtum und Unabhängigkeit. Kein Wunder, dass Amerika schon lange der Beiname »Land der unbegrenzten Möglichkeiten« anhaftet und es als Hort von Freiheit und Abenteuer gilt. Kein anderer Teil der Welt zog in den vergangenen Jahrhunderten die Menschen so magisch an wie die Neue Welt jenseits des Atlantiks, wo vermeintlich leere Riesenterritorien geradezu auf Farmer und Rancher zu warten schienen, Rohstoffe in Hülle und Fülle vorhanden waren und jeder Mensch nach seiner Fasson glücklich werden konnte.

Zwischen 1820 und 1930 kamen allein im Hafen von New York über 38 Millionen Einwanderer an, von denen sich etwa 26 Millionen auf Dauer in der Neuen Welt niederließen. Die Beweggründe der Emigranten waren so vielfältig wie ihre Herkunftsländer. Ob sich jemand nach religiöser Freiheit sehnte, dem Kriegsdienst zu entkommen versuchte oder vor politischen und sozialen Verhältnissen in die USA flüchtete: Gemeinsam war allen Einwanderern die Suche nach einem besseren und freieren Leben. Dementsprechend machten sich die meisten von ihnen bereitwillig den Satz zu Eigen, den sie häufig von den Einwanderungsbeamten zu hören bekamen: »Heute ist der erste Tag vom Rest deines Lebens.«

Schmelztiegel Amerika? Um die Mitte des 19. Jahrhunderts ließen sich zahlreiche Europäer von Eisenbahngesellschaften und Industriebetrieben als Arbeitskräfte anwerben. Die politischen Unruhen nach der fehlgeschlagenen Revolution von 1848 veranlassten viele Deutsche, in die USA auszuwandern. Große Teile der Bevölkerung Irlands kehrten um dieselbe Zeit ihrer von Hungersnöten geplagten Heimat den Rükken. Nach 1880 wanderten vor allem Süd- und Osteuropäer sowie Mexikaner nach Amerika aus, während nach 1920 Italiener, russische Juden und Menschen aus den Ländern der österreichisch-ungarischen Monarchie die Einwanderungsstatistik anführten. Seit dem Zweiten Weltkrieg setzten sich Hunderttausende von Kubanern von der Zuckerinsel in Richtung USA ab, während gleichzeitig die Einwanderungsquoten aus den lateinamerikanischen Staaten, von den Philippinen, aus China (seit der zweiten Hälfte der sechziger Jahre) und anderen asiatischen Ländern teilweise stark anstiegen.

Die Vereinigten Staaten wurden in mehr als eineinhalb Jahrhunderten zu einem »klassischen« Einwanderungsland, das seine Anziehungskraft bis in die Gegenwart behalten hat. Auch heute noch betrachten viele Menschen das Land als Bannerträger von Freiheit und Demokratie. Tatsächlich gab sich Amerika im Jahr 1787 die heute älteste noch gültige Verfassung,

Siedler wie diese Familie im Loup Valley, Nebraska, nahmen auf ihrem Weg ins »Gelobte Land« viele Strapazen auf sich (Foto von 1886). links Der Western »Westlich von St. Louis« (1950) erzählt von einem Mormonentreck. oben Siedler überwinden steile Pässe und breite Flüsse (Foto um 1879). Mitte James Stewart in dem Film »Der gebrochene Pfeil« (1950). unten

Der Old Santa Fe Trail: westwärts nach New Mexico

Seit den 1980er Jahren soll die Wiederbelebung des Old Santa Fe Trail an eine wichtige Episode amerikanischer Geschichte erinnern. Diese Handelsroute verband die Häfen am Missouri um Kansas City mit dem 1600 Kilometer entfernten Santa Fe in New Mexico. Nach der Unabhängigkeit Mexikos von Spanien 1821 und der Aufhebung der Handelsschranken gegen die USA nahm der Händler William Becknell diese Route, um sich neue Märkte zu erschließen. Bis zu 5000 Planwagen rollten in der folgenden Zeit jährlich auf diesem Trail nach Santa Fe. Erst die Anbindung New Mexicos an das transkontinentale Eisenbahnnetz im Jahr 1879 bedeutete das Aus für den Santa Fe Trail. In der Stadt Independence in Missouri markiert das National Frontier Trails Center den Beginn der Route. Das 120 Kilometer weiter südwestlich gelegene Council Grove, an der Grenze zum gefährlichen Indianerterritorium, war die letzte Versorgungsstation vor der Fahrt durch die fast baumlosen Great Plains. Gut erhalten blieb Fort Larned südwestlich von Great Bend in Kansas. Die 1859 zum Schutz der Reisenden errichtete Anlage besteht aus um einen Exerzierplatz gruppierten Steingebäuden, die im alten Stil möbliert sind. In der Nachbarschaft des Forts dokumentiert das private Santa Fe Trail Museum and Cultural Center die Geschichte der Handelsroute. Den weiteren Verlauf des Trails bildet heute der Highway 50, der zu Bent's Fort (1848 erbaut) nordöstlich von La Junta in Colorado führt. Über den 2387 Meter hohen, schwierig zu überquerenden Raton Pass erreichten die Händler neumexikanisches Territorium, wo Fort Union bei Wagon Mound Schutz vor Indianerangriffen bot. Seine aus Ziegeln gemauerten Kamine haben die letzten 100 Jahre besser überstanden als der Rest. Weitgehend identisch mit dem Trail führt die Interstate 25 nach Santa Fe, in dessen Cantinas sich die Händler einst den Staub aus der Kehle spülten.

Die Wagentrecks auf dem Santa Fe Trail (hier bei Great Bend, Kansas) standen im Allgemeinen unter bewaffnetem Schutz, da mit Überfällen der Indianer gerechnet werden musste (Foto von 1872). rechts

In den Pawnee Rock, einen wichtigen Rastplatz der Trecks auf dem Santa Fe Trail, ritzten viele Reisende ihren Namen ein (Foto um 1900). oben

die mit den 1791 in der Bill of Rights verankerten Grundrechten vielen Ländern der Erde als Basis und Modell diente. Kritiker bemängeln, dass diese mustergültige Verfassung von Großgrundbesitzern entworfen und unterzeichnet wurde, die ihre Plantagen von Sklaven bewirtschaften ließen. Im 19. Jahrhundert sahen viele die USA als Schmelztiegel der Rassen und Ethnien. Diese Sichtweise machte im Lauf der Zeit einer differenzierteren Betrachtung Platz, weil im Grunde jede betroffene Gruppe zur Frage der Verschmelzung ein anderes Verhältnis hat. Die in den 1990er Jahren in Los Angeles und Miami ausgebrochenen Rassenunruhen beweisen, dass sich die Kluft zwischen einzelnen Bevölkerungsteilen in jüngerer Vergangenheit eher vergrößert als verkleinert hat.

Ein Volk von Rastlosen. Auf dem riesigen Territorium der Vereinigten Staaten von Amerika leben etwa 250 Millionen Einwohner. Tagtäglich bewegen sich die Menschen in rund 150 Millionen Pkws und 40 Millionen Lastwagen über ein Netz von 6,2 Millionen Kilometer Straßen. Keine menschlichen Eigenschaften gelten als so typisch amerikanisch wie Beweglichkeit und Flexibilität. Ortsgebundenheit existiert in viel geringerem Maß als in Europa. Umzüge von einer Stadt in die andere samt Eigenheim, das auf dem Tieflader über Land transportiert wird, sind an der Tagesordnung. In vielen Gemeinden werden Plätze verpachtet, auf denen die beweglichen Häuser abgestellt und an Strom, Wasser und Abwasser angeschlossen werden können – bis der nächste Ortswechsel ansteht. Eine etwa mit Deutschland vergleichbare Pflicht, sich beim örtlichen Einwohnermeldeamt registrieren zu lassen, gibt es nicht. Deshalb weisen sich Amerikaner an der Hotelrezeption, im Krankenhaus oder in Geschäften bei der Bezahlung mit Schecks nicht mit einem Personalausweis, sondern mit dem Führerschein, dem wichtigsten Identifizierungsmittel, aus. Wohnungswechsel werden der Führerscheinstelle gemeldet, die damit die Funktion eines zentralen Melderegisters erfüllt.

Die Erschließung der USA. In Anbetracht dieser Mobilität ist es nicht verwunderlich, dass sich die Amerikaner bei keinem anderen nationalen Unternehmen so einig waren wie bei der zügigen »Eroberung« ihres riesigen Landes durch Straßen, Schienen und Schiffskanäle. In der ersten Hälfte des 18. Jahrhunderts waren die Siedlungen der 13 Kolonien an der amerikanischen Ostküste nur über Wasserwege und äußerst primitive Schotterstraßen miteinander verbunden. Um die Zeit der amerikanischen Revolution (1775–1783) existierte entlang der Atlantikküste immerhin bereits ein einfaches Netz von Verbindungsrouten. Das Hinterland hingegen war kaum zugänglich, höchstens über indianische Trampelpfade.
Im 19. Jahrhundert entstanden in Pennsylvania, Ohio und Indiana die ersten »turnpikes«, Mautstraßen, die in der Regel von der Regierung, später auch von Privatgesellschaften finanziert wurden. Seit 1830 mit der Baltimore & Ohio Railroad die erste Passagiereisenbahn den Betrieb aufnahm, wurde der Straßenbau vorübergehend mit weniger Nachdruck vorangetrieben. Vereinzelt baute man aber auch im Eisenbahnzeitalter Straßen aus Holzplanken, denen allerdings keine lange Lebensdauer beschieden war.
Als im ausgehenden 19. Jahrhundert das Zeitalter des Automobils heraufdämmerte, sah sich New Jersey als erster Bundesstaat genötigt, ein State Highway Department zu gründen. Alle übrigen Staaten folgten bis 1917 diesem Beispiel. Immerhin existierten im Jahr 1904 in den USA schon 3,2 Millionen Kilometer unbefestigte und knapp 250 000 Kilometer befestigte Straßen. Seitdem hat sich das Straßennetz an seiner Länge gemessen verdoppelt. Aber nicht nur quantitativ, sondern auch qualitativ hat es sich verändert. Im Jahr 1956 begann unter der Ägide der Bundesregierung mit dem Bau eines Netzes autobahnähnlicher Interstates eine neue Ära. Heute gibt es in den USA über 70 000 Kilometer solcher mehrspurigen und kreuzungsfreien Schnellstraßen, die vor allem auf Langstrecken ein zügiges Vorankom-

Ohne den Bau der Eisenbahn wäre die Erschließung der USA schwierig gewesen. Bei Ausbruch des Bürgerkriegs 1861 führten Linien von der Ostküste bis Chicago, St. Louis und New Orleans. oben
Am 10. Mai 1869 feierte man die Vollendung der ersten transkontinentalen Eisenbahnlinie. Bei Promontory Summit am Great Salt Lake in Utah wurden die Gleise der Central Pacific Railroad und der Union Pacific Railroad mit einem letzten, goldenen Nagel zusammengefügt. unten

Unterwegs auf der Route 66: mehr als nur eine Straße ...

Der Gateway Arch in St. Louis: Symbol für die Bedeutung der Stadt als »Tor zum Westen«. oben
In Seligman, Arizona, beginnt das längste ununterbrochene Teilstück der Route 66 und die alte Streckenführung ist noch gut zu erkennen. Mitte
Motorradfahrerträume: mit der Harley-Davidson auf der Route 66 durch die endlosen Weiten des amerikanischen Kontinents. unten

Im Jahr 1992 feierte Amerika den 66. Geburtstag der Route 66. Freiluftkonzerte, Dorffeste, Museumseröffnungen, Sternfahrten mit Oldtimern und eine Flut von Publikationen rückten den Jahrestag der zur Legende gewordenen Überlandstraße ins rechte Licht.
Als im Jahr 1926 die ersten 1280 von abschließend rund 3600 Kilometern der »Mother Road« eingeweiht wurden, zog sich noch kein Netz von Interstates über den nordamerikanischen Kontinent. Die Route 66 war also die erste große Fernstraße, die Chicago am Lake Michigan mit Los Angeles am Pazifik verband – ein gewaltiges Asphaltband quer durch acht Bundesstaaten, durch fünf Klima- und drei Zeitzonen. Nach ihrer Fertigstellung verkürzte sie die Fahrtdauer zwischen dem Lake Michigan und der Pazifikküste von mehreren Wochen auf nur wenige Tage.
Aber nicht allein in der verkehrstechnischen Funktion lag die eigentliche »Leistung«. Einen prominenten Platz in den Annalen der amerikanischen Geschichte nimmt die Route 66 ein, weil sie unzählige Literaten und Journalisten, Komponisten und Sänger, Maler, Fotografen und Filmemacher inspirierte und ihnen auf ihrem Weg durch die endlose Weite ein uramerikanisches Gefühl von Freiheit, Ungebundenheit und Beweglichkeit vermittelte.
»Die Route 66 ist so amerikanisch wie Apple Pie«, konstatiert ein intimer Kenner der Straße, die zum Symbol der amerikanischen Autokultur wurde.
Ein literarisches Denkmal setzte ihr John Steinbeck mit seinem Werk »Die Früchte des Zorns« (1939). Der mehrfach prämierte Roman schildert das Schicksal der Familie Joad, die sich wie viele verarmte Landarbeiter Oklahomas auf der Route 66 nach Kalifornien aufmacht, um dort eine neue Existenz zu gründen. 1947 fügte der Komponist Bobby Troup dem literarischen Denkmal mit dem Song »Get your Kicks on Route 66« ein musikalisches hinzu. Die Vielzahl berühmter Interpreten reichte von den Andrew Sisters über Nat King Cole bis zu Chuck Berry und den Rolling Stones.
Das Abenteuer Route 66 beginnt am Grant Park, Ecke Jackson Boulevard in Chicago. Quer durch das flache Ackerland von Illinois zieht sich die historische Straße, die inzwischen meist unter der neueren Interstate 55 begraben liegt.
Bei St. Louis überquert sie den Mississippi, der seine schlammbraunen Fluten nach Süden wälzt. Dann säumen die grünen Hügel des Bundesstaats Missouri die Route, die als Parallelstraße (Frontage Road) der Interstate 44 im Abstand von nur wenigen Metern folgt.
Das Oklahoma Route 66 Museum in Clinton, Oklahoma, zeigt Schätze aus der großen Zeit der Straße. In der Gegend um Amarillo, Texas, ließ der Millionär und Kunstsammler Stanley Marsh 1974 mit der Cadillac Ranch ein unverwechselbares Wahrzeichen der Route 66 errichten – zehn kopfüber in den Boden gerammte Cadillacs.
Der längste noch erhaltene Straßenabschnitt beginnt in Seligman, Arizona, und verläuft durch eine fast menschenleere Landschaft bis nach Oatman. Der ehemalige Bergbauort ist erst durch den zunehmenden Verkehr auf der alten Route zu neuem Leben erwacht.
Quer durch die Wüste strebt das letzte Teilstück der legendären Straße als Interstate 40 dem Pazifik zu, wo sie in Santa Monica bei Los Angeles endet.

men erlauben. In Nord-Süd-Richtung tragen diese grün ausgeschilderten Interstates ungerade, in Ost-West-Richtung zur besseren Unterscheidung gerade Nummern.
Im Grunde genommen hat erst das System der Interstates die USA mit einer zeitgemäßen, den Erfordernissen einer modernen Volkswirtschaft angemessenen Verkehrsinfrastruktur ausgestattet. Sowohl der Güter- als auch der Personenverkehr ist in dem gewaltigen Land dadurch einfacher geworden. Die riesigen Distanzen innerhalb der Landesgrenzen sind für europäische Verhältnisse fast nicht vorstellbar: Mit einer Fläche von knapp zehn Millionen Quadratkilometern fast so groß wie Europa erstrecken sich die USA von New York City am Atlantik über eine Breite von 4700 Kilometern bis nach San Francisco am Pazifischen Ozean. Wer von Miami in Florida nach Seattle im Bundesstaat Washington fährt, muss 5285 Kilometer zurücklegen, was in etwa der Distanz zwischen dem nordnorwegischen Hammerfest und Ankara in der Türkei entspricht.
Für europäische Besucher sind diese enormen Entfernungen und die in der Alten Welt unbekannten Weiten mancher Landschaften häufig sinnfälligere Charakteristika Amerikas als etwa die Skyline von Manhattan oder die gordischen Interstate-Knoten von Los Angeles. Die immense Größe des Landes hat zur Folge, dass sich das kontinentale Kernland der USA über vier Zeitzonen erstreckt, nämlich Eastern, Central, Mountain und Pacific Standard Time. Das Grundmuster der internationalen Zeitberechnung geht auf einen kanadischen Ingenieur namens Sandford Fleming zurück, der 1879 jeweils 15 Längengrade zu einer Zeitzone zusammenfasste. Wenn die Büroangestellten in New York um acht Uhr ihre Arbeit beginnen, liegen ihre Kollegen in San Francisco noch im Tiefschlaf, weil es dort erst vier Uhr morgens ist.

Zwischen Küsten und Hochgebirgen. Eine andere Konsequenz der gewaltigen Flächenausdehnung der USA ist die landschaftliche und klimatische Vielfalt, die gerade auf Überlandreisen das »Salz in der Suppe« darstellt. Selbst auf relativ engem Raum existieren manchmal überraschende Kontraste. Im südöstlichen Kalifornien etwa befindet sich mit dem 4418 Meter hohen Mount Whitney die höchste Erhebung auf dem zusammenhängenden Staatsgebiet. Nur etwa 160 Kilometer Luftlinie entfernt liegt im Death Valley Natio-

Auch als Kalifornien nicht mehr für jeden einen Job bereithielt, schlugen viele mit Auto und Wohnwagen den Weg zur Pazifikküste ein (Fotos von 1945/1950). links und unten
Bereits 1915 zog sich der Lincoln Highway über 765 Kilometer von Wendover quer durch Nevada bis zur kalifornischen Grenze. oben
Während der Staubstürme in den 1930er Jahren flüchteten viele Farmer in den Westen (Foto von 1937). Mitte

Als »schönste Straße der Welt« wird der Seventeen-Mile-Drive bezeichnet, der sich entlang der Küste durch den Del Monte Forest zwischen Pacific Grove und Carmel windet. oben Literarischen Ruhm erlangte Monterey durch John Steinbecks Roman »Cannery Row«. Mitte Über die San Francisco Bay Bridge geht es weiter in den Süden. unten

Der Highway 1 nach Süden: Traumstraße am Pazifiksaum

Regenwälder mit bemoosten Baumriesen, glitzernde Metropolen, zerklüftete Buchten, Strände, Dünen, Surfparadiese – Impressionen bei einer Fahrt auf dem legendären Highway 1 bzw. 101 entlang der Pazifikküste. Die 3000 Kilometer lange Traumstraße gilt als eine der atemberaubendsten Strecken der USA. Mehr noch: Sie ist zu einem Mythos geworden, zum Inbegriff des kalifornischen Traums.

Die Route beginnt in Seattle, Washington am Puget Sound, einer azurblauen, riesigen Bucht. Westlich schlägt der Highway 101 einen Bogen um die Olympic-Halbinsel. In ihrem Zentrum erstreckt sich der Olympic National Park, eine fast unberührte Bergwildnis mit den einzigen Regenwäldern Amerikas.

Bei Astoria überquert der Highway 101 die breite Mündung des Columbia River ins Meer und verläuft im Bundesstaat Oregon größtenteils unmittelbar an der Küste entlang. Ein Strand zeigt sich schöner als der andere. Leuchttürme zieren die Klippen. Nördlich von Florence leben Seelöwen in den Sea Lion Caves, die man mit einem Aufzug erreicht. Südlich des hübschen Küstenstädtchens beginnen die Oregon Dunes mit Hügeln aus feinem Sand, die den Eindruck vermitteln, als sei ein Stückchen Wüste an Land geschwemmt worden. Auf kalifornischem Staatsgebiet verläuft die Route weiter durch den Redwood National Park, in dem die letzten Bestände der gewaltigen Coast Redwoods vor den Sägen der Holzfäller gerettet wurden. Im historischen Zentrum von Eureka haben sich hübsche Villen erhalten. Noch romantischer sehen die Häuserzeilen im etwas abseits gelegenen Ferndale aus. Zwischen Pepperwood und Phillipsville verläuft die »Avenue of the Giants« mit Mammutriesen von beeindruckenden Ausmaßen in einigem Abstand neben dem Highway 101.

Über San Francisco, Santa Cruz und Monterey erreicht die Straße, die ab Leggett zum berühmten Highway 1 geworden ist, bei Big Sur ihren spektakulärsten Abschnitt. Nördlich von Morro Bay erhebt sich das pompöse Hearst Castle des ehemaligen Pressezaren William R. Hearst. Die südkalifornische Badeküste mit ihren herrlichen Stränden beginnt bei Santa Barbara, das nach einem Erdbeben in den 1920er Jahren im spanischen Kolonialstil wiedererrichtet wurde. Diese Bauweise war durch die 1786 von dem Franziskanermönch Junípero Serra gegründete Mission Santa Barbara vorgegeben, die neben der Stearns Wharf und dem kleinen Stadtzentrum zu den wichtigsten Sehenswürdigkeiten der lebendigen Küstenstadt zählt. Über Santa Monica und Los Angeles erreicht man den südlichsten Abschnitt der kalifornischen Küste, an dem Sonne, Sand und Surfen die Hauptrolle spielen. Die Reise endet in der freundlichen Millionenstadt San Diego, deren Vororte bis an die mexikanische Grenze reichen.

nal Park mit minus 86 Metern der tiefste Punkt der westlichen Hemisphäre. Manche Bundesstaaten, wie etwa Montana und Colorado am Übergang von den tellerflachen Great Plains in die über 4000 Meter aufragenden Rocky Mountains, besitzen zwei ganz unterschiedliche Gesichter. Zu ihnen gehört auch der Staat Washington, der durch das Kaskadengebirge zweigeteilt wird in eine vom Pazifik geprägte, feuchte Westhälfte mit bemoosten Riesenbäumen und in eine staubtrockene Osthälfte mit Hochwüsten, die erst durch gigantische Bewässerungsprojekte in eine Kornkammer verwandelt wurden.

Von Ost nach West lassen sich sechs kulturgeografische Großräume einteilen. Europa am nächsten liegt die Atlantikküste, die sich von der kanadischen Grenze im Norden bis nach Key West im Süden erstreckt. In Neuengland zeigt sie sich wildromantisch mit tief eingeschnittenen Buchten, von der Brandung ausgewaschenen Meeressäumen, Kiesel- und Sandstränden sowie dichten Wäldern, die bis unmittelbar ans Wasser reichen. Von New York bis nach Florida ist die Küste durch riesige Buchten wie etwa die Delaware Bay oder die Chesapeake Bay und durch vorgelagerte Sandbankinseln zum Teil stark gegliedert, die wie im Fall der Outer Banks in North Carolina manchmal weit vor der eigentlichen Festlandküste liegen und diese gegen Wind und Wetter abschirmen. In der Küstenebene liegen die großen Metropolen wie Philadelphia, Baltimore, Washington, Charlotte und Atlanta.

Etwa parallel zur Atlantikküste verlaufen im Küstenhinterland die 2600 Kilometer langen Appalachen von Neufundland in Kanada bis ins nördliche Alabama. Durch das Tal des Hudson River werden sie in zwei Hälften geteilt. Zu den höchsten Erhebungen im Norden gehören die Green und White Mountains in Neuengland. Im Süden, wo das Profil der Gebirgskette deutlicher zutage tritt und tiefe Längstäler erkennbar sind, befinden sich mit Shenandoah und den Great Smoky Mountains zwei besonders populäre Nationalparks. Höchster Punkt der Appalachen ist der Mount Mitchell in North Carolina mit 2037 Metern. Geologisch besteht die maximal 300 Kilometer breite Kette aus kristallinen Gesteinen, die sich in grauer Vorzeit im Paläozoikum auffalteten. Wind und Wetter trugen das Gebirge in Millionen Jahren ab, ehe es während der Kordillerenentfaltung neu herausgehoben wurde. So landschaftlich reizvoll die Appalachen auch sind –

Fünfziger-Jahre-Feeling im »Mel's Drive-In« in den Universal Studios Orlando, Florida. links
Dieses chromglänzende Restaurant mit 24-Stunden-Service in Daytona Beach, Florida, ist eine nostalgische Hommage an das Amerika der 1950er Jahre. oben
Imbiss und Souvenirs der Route 66 gibt es im »Route 66 Antiques« in Landergin, Texas. Mitte
Schneller, aufmerksamer Service, niedrige Preise, üppige Portionen – »Fast Food«, wie es die Amerikaner lieben. unten

Die Straße bietet schöne Ausblicke auf die Landschaften zu beiden Seiten der Blue Ridge Mountains. oben

Am Ende des Blue Ridge Parkway, nicht weit von den Great Smoky Mountains, kann man im Oconaluftee Visitor Center indianisches Kunsthandwerk erstehen. rechts

Der Blue Ridge Parkway: Höhenflug auf vier Rädern

Das gibt es in den USA nur sehr selten: eine 750 Kilometer lange, gut ausgebaute Panoramastraße ohne Reklameschilder, Ampeln und Schnellrestaurants. Am Blue Ridge Parkway wird auf diese modernen »Accessoires« des Automobilzeitalters verzichtet. Stattdessen erlebt man hier Natur pur. Im frühen 20. Jahrhundert begann der Bau der Straße auf dem Kamm der Blue Ridge Mountains, dem östlichen Teil der südlichen Appalachen, wurde aber erst 1935 abgeschlossen. Heute verbindet der Blue Ridge Parkway den Shenandoah National Park in Virginia mit dem Great Smoky Mountains National Park auf der Grenze zwischen Tennessee und North Carolina.

Nördliches »Vorprogramm« der Panoramastraße ist der in Front Royal beginnende Skyline Drive durch den Shenandoah National Park. Vor allem zwischen dem 12. und 25. Oktober, wenn sich die Blätter von Eichen, Ahorn, Hickory- und Hartriegelbäumen am schönsten verfärben, herrscht entlang der Appalachenroute Hochsaison. Das Meilenschild »0« am Südende des Nationalparks bei Rock Fish Gap markiert den eigentlichen Beginn des Blue Ridge Parkway.

Das wenige Kilometer weiter südlich gelegene Humpback Rocks Visitor Center dient als zentrale Informationsstelle. Immer wieder laden ausgeschilderte Pfade zu kleineren Wanderungen ein, auf denen man ab Mitte Mai rosafarbene Azaleen, gelben Marienfrauenschuh, Aronstabgewächse, die Leimkrautart Fire Pink, Berglorbeer und Rhododendronsträucher blühen sieht. Neben Schwarzbären, Waldmurmeltieren und wilden Truthähnen ist in den Appalachen das einzige Beuteltier der USA, das Nordopossum, beheimatet.

Selten trifft man auf Spuren menschlicher Besiedlung. Nur gelegentlich führt die Straße an kultivierten Ackerflächen oder von Holzzäunen umgebenen Weiden und Bauernhöfen vorbei.

Die schindelgedeckte Mabry Mill war als Korn- und Sägemühle zwischen 1910 und 1935 in Betrieb. Heute demonstrieren hier an Sommerwochenenden Schmiede und Schnitzer ihr handwerkliches Können.

Das schon auf dem Staatsgebiet von North Carolina gelegene Blockhaus Brinegar Cabin mit einem steinernen Kamin wurde um das Jahr 1880 von einem der ersten Pioniere in den Appalachen erbaut.

Der 2100 Quadratkilometer große Great Smoky Mountains National Park – so genannt wegen des bläulichen, durch Luftfeuchtigkeit verursachten Dunstes, der oft die Täler füllt – war früher die Heimat der Cherokee-Indianer. Heute zählt er mit jährlich über sechs Millionen Gästen zu den am häufigsten besuchten Nationalparks Amerikas.

wirtschaftlich gehören sie zu den strukturschwachen Gebieten der USA. Schon vor über 30 Jahren wurde aus diesem Grund die Planungsregion Appalachia gegründet, um die Infrastruktur und die soziale Lage der Bevölkerung zu verbessern und der Abwanderung entgegenzusteuern, die unter anderem durch die Schließung von Bergwerken ausgelöst wurde.

Zwischen den Appalachen und den Rocky Mountains erstreckt sich das zentrale Flachland, das vom Mississippi und seinen beiden wichtigsten Nebenflüssen, dem Missouri und dem Ohio, geprägt wird. Die Landschaft zwischen der Westflanke der Appalachen und dem Tal des Mississippi ist größtenteils hügelig, während westlich des Mississippi die flachen Great Plains beginnen. Früher teilten sich die unterschiedlichen Stämme der Plains-Indianer diese Prärien mit riesigen Bisonherden. Mit der Landnahme der Weißen im 19. Jahrhundert gerieten die Langgrassteppen zusehends unter den Pflug und wurden in eine Region des intensiven Getreideanbaus verwandelt.

Der nördliche Abschnitt des zentralen Flachlands wird durch die fünf großen Seen geprägt: Lake Superior (82 414 qkm), Lake Huron (59 586 qkm), Lake Michigan (58 016 qkm), Lake Erie (25 719 qkm) und Lake Ontario (19 477 qkm). Gemeinsam bildet diese Seenplatte um die Weltstadt Chicago das größte Trinkwasserreservoir auf dem Planeten Erde. Im Süden ist das Flachland durch die weit ins Hinterland hineinreichende Küstenebene des Golfs von Mexiko gekennzeichnet.

Wie ein steinerner Dachgiebel zieht sich die Kette der Rocky Mountains durch das Zentrum der kontinentalen USA und bildet eine bis über 4000 Meter hohe, von der kanadischen Grenze bis nach New Mexico reichende Klimabarriere. Durch ihren Nord-Süd-Verlauf hält sie ebenso wie die weiter westlich gelegenen Gebirgszüge feuchte Meeresluft davon ab, nach Osten vorzudringen. Die Great Plains liegen deshalb im Regenschatten der Rockies. Im Westen des Felsengebirges breiten sich Plateaus aus, die wiederum von den Küstenkordilleren gegen vom Pazifik heranziehende Regenwolken abgeschirmt werden und deshalb aus vegetationsarmen und nur sehr dünn besiedelten Trockenlandschaften wie etwa dem Großen Becken bestehen.

Den westlichen Abschluss des nordamerikanischen Kontinents bildet das pazifische Gebirgssystem, das sich auf dem

Oft sind die Lastwagenfahrer selbstständige Unternehmer. Die Pflege und Wartung ihres Trucks, der auf den langen Strecken keine Panne haben darf, ist daher ein Muss. links und oben

Mobilität ist in den USA sehr gefragt. Trucks transportieren Waren in alle Teile des Landes. Bei einem Umzug nehmen viele ihre Eigenheime einfach mit. Mitte

Für den »Truckdriver« ist sein Gefährt ein zweites Zuhause. unten

Nicht immer ganz bequem, dafür aber stilecht reist es sich mit dem Motorrad, (Route 66). oben
Wohnmobile sind ideal, um unabhängig durch das Land zu ziehen. Mitte
Für Ziele abseits der Straße, wie etwa den Canyon des Onion Creek, Utah, sollte man einen Geländewagen mieten. unten
Panoramablicke bei einer Mountainbike-Tour in der Nähe von Moab, Utah. rechts

Staatsgebiet der USA in Cascade Range (Kaskadengebirge), Sierra Nevada und Coastal Ranges (Küstengebirge) aufteilt. Westlich des Kaskadengebirges liegen in den Bundesstaaten Washington und Oregon schmale, maritim geprägte Küstenabschnitte. Zwischen den Küstengebirgen und der Sierra Nevada dehnt sich in Kalifornien mit dem Central Valley ein trockenes und heißes Längstal aus, das seit dem 19. Jahrhundert durch künstliche Bewässerung in eine der reichsten Agrarregionen Amerikas verwandelt wurde.

Im Reiseland der Superlative. Amerikas Gebirgszüge waren bis ins 19. Jahrhundert für die Entdecker und Einwanderer schwer zu überquerende natürliche Hindernisse. Heute, nachdem sie durch den Straßen- und Wegebau ihre Unzugänglichkeit weitgehend verloren haben, bilden sie für Reisende und Urlauber ideale Feriengebiete. Mit dem Bau der unterschiedlichen Verkehrsnetze entwickelte sich im 20. Jahrhundert eine Infrastruktur, die das Reisen heute leicht und angenehm macht. Schon im ausgehenden 19. Jahrhundert errichteten Eisenbahngesellschaften etwa in Florida und in den Rockies hochkarätige Hotelanlagen für betuchte Gäste. Nach und nach entstand aus diesen ersten Anfängen eine anspruchsvolle Gastronomie und Hotellerie.

Nähert man sich einer Stadt auf der Interstate, weisen spezielle Schilder darauf hin, über welche Ausfahrten man Tankstellen, Unterkünfte und Restaurants erreicht. Im Unterschied zu vielen mitteleuropäischen Ländern gibt es in den USA ein riesiges Angebot an Motels der unteren und mittleren Preisklasse mit einer Standardausstattung, die derjenigen in Europa in der Regel überlegen ist. Die Zimmer sind normalerweise größer und beinahe grundsätzlich mit Bad oder Dusche, Fernseher und Telefon ausgestattet. Zudem bezahlt man jeweils pro Zimmer und nicht pro Übernachtungsgast, was das Reisen zu mehreren preiswert macht. In größeren Städten hat man die Wahl zwischen Stadthotels und Motels.

Auf dem Land kommen noch bequeme Lodges und Inns hinzu, die in ihrem Standard etwa unseren Landgasthöfen entsprechen. Das Frühstück ist in amerikanischen Übernachtungspreisen meist nicht eingeschlossen. Wenn doch, so handelt es sich in der Regel um ein Continental Breakfast, das aus Kaffee im Pappbecher und einem süßen Teilchen besteht. Engpässe bei

Übernachtungen kann es in großen Städten zu bestimmten Anlässen wie Festen und Kongressen geben. Auf dem Land muss man in der Hauptreisezeit zwischen dem Memorial Day, dem letzten Montag im Mai, und dem Labor Day, dem erster Montag im September, an Wochenenden mit ausgebuchten Motels und Campingplätzen rechnen. Das gilt vor allem in der Nähe populärer Sehenswürdigkeiten und beliebter Nationalparks.

Auch für das leibliche Wohl ist in den USA bestens gesorgt. Von Imbissläden über Garküchen und Coffee Shops bis zu Restaurants der gehobenen Kategorie finden sich überall im Land vielfältige Möglichkeiten, die regional zum Teil recht unterschiedlichen Küchen kennen zu lernen. Für einen einheitlichen, flächendeckenden Standard sorgen Imbissketten und Schnellrestaurants, aber auch die Restaurants weit verbreiteter Hotelketten und die Filialen großer Steakhäuser, die in vielen Großstädten zu finden sind.

Abwechslungsreiche Landschaften, die unermessliche Weite des Raums, idyllische Kleinstädte, reizvolle Metropolen, geschichtsträchtige Stätten und auch eine hoch entwickelte Tourismusindustrie machen die USA zu einem Reiseland der Superlative. Kein Wunder, dass die Zahl der europäischen Besucher in der Neuen Welt während der vergangenen Jahre sprunghaft in die Höhe geschnellt ist. Gedränge gibt es dennoch höchstens rund um die Freiheitsstatue in New York oder im Aufzug zur Aussichtsplattform des Empire State Building. Außerhalb der gigantischen Weltmetropole verstreuen sich die Neuankömmlinge rasch in alle vier Winde – wie es schon ihre Vorfahren taten, die für immer im Land blieben.

Besonders am frühen Morgen und bei Sonnenuntergang beeindrucken die bis zu 600 Meter hohen Sandsteingebilde des Monument Valley in Arizona und Utah.

Route 1
Große Neuengland-rundfahrt

Von der zerklüfteten Atlantikküste mit ihren beschaulichen Fischerdörfern in die aufregenden Metropolen am kanadischen St.-Lorenz-Strom: Kontrastreich und stimmungsvoll präsentiert sich der Nordosten Nordamerikas.

Tief eingeschnittene Buchten und hübsche Ferienorte kennzeichnen die Küste von Maine, wie hier bei Camden.

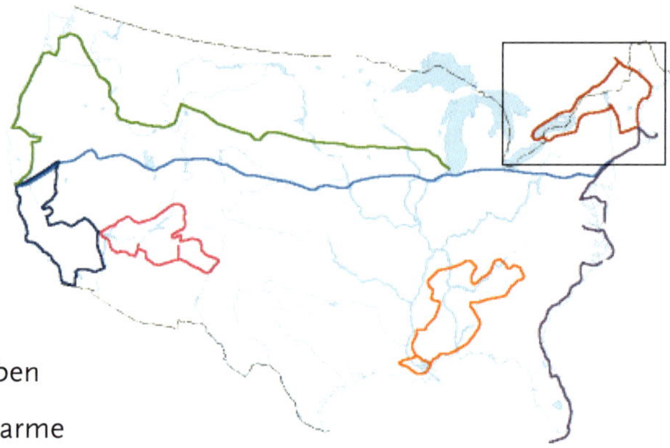

Einsame Wälder, quirlige Metropolen

Kleine Holzhäuser, eine weiße Kirche mit spitzem Turm, umgeben von Bäumen in flammenden Farben: Unvergleichlich ist der Charme der neuenglischen Dörfer, bezaubernd die Schönheit der sanften Hügellandschaften, überwältigend der Eindruck der Niagarafälle. Und Freunde französischer Lebensart kommen in den kanadischen Metropolen Québec und Montreal auf ihre Kosten.

Die fröhlichen Halloween-Feste sind vor allem für die Kleinen ein großes Ereignis. Diese Spuknacht des 31. Oktober geht auf keltische Bräuche zurück, wird heute aber als eine Art »Geisterkarneval« begangen.

Wenn im Hochsommer die Hitze die Klimaanlagen in *Boston* (siehe Seite 42) auf Hochtouren schnurren lässt, flüchten die Einwohner nur allzu gern aus der neuenglischen Metropole – und zwar entweder nach Cape Cod oder auf die nordöstlich der Stadt gelegene Halbinsel Cape Ann.

Der Weg dorthin führt auf der Küstenstraße 1A zunächst in das Landstädtchen *Salem*, das der Dichter Nathaniel Hawthorne (1804–1864) in seinem Roman »Das Haus mit den sieben Giebeln« verewigt hat.

»Mittenwegs etwa in einer Seitenstraße eines Städtchens in Neuengland erhebt sich ein von Moder überzogener Holzbau mit sieben spitz zulaufenden Giebeln.« So beginnt der Roman, und so steht das berühmte Haus noch heute an seinem Platz, wenngleich es im Zuge seiner Karriere als Sehenswürdigkeit längst vom Moder befreit wurde.

Salem war 1626 von Roger Conant als Kolonie der Puritaner gegründet worden. Schon bald machte sich in dem Gemeinwesen ein intolerantes und gewalttätiges Klima breit, weil im ländlichen Teil der Kolonie Armut und Entbehrung herrschten, während in Salem-Stadt durch den aufblühenden Seehandel die Zahl der Wohlhabenden zunahm.

In den Jahren 1692/93 bildeten Hass und Missgunst den Nährboden für Ereignisse, die Arthur Miller als »eines der seltsamsten und furchtbarsten Kapitel der Menschheitsgeschichte« bezeichnete. Einige hundert Frauen und Männer wurden der Hexerei angeklagt, 19 von ihnen bezahlten den kollektiven Wahn sogar mit dem Leben, ganze Familien wurden in den Ruin getrieben.

Zerklüftete Küsten säumen die Halbinsel *Cape Ann*, die wenige Jahre nach der Gründung Salems von englischen Fischern besiedelt wurde. Größter Ort ist Gloucester, Amerikas ältester Seehafen, in dem auch heute noch die enge Verbundenheit mit dem Atlantik spür- und sichtbar ist.

Das benachbarte Städtchen Rockport entwickelte sich in den 1920er Jahren zu einer kleinen Künstlerkolonie, deren Tradition heute von zahlreichen Galerien fortgesetzt wird.

Von Cape Ann aus lohnt sich die Fahrt auf der Straße 133 nach Norden. Man fährt durch kleine Orte mit typisch neuenglischen Häusern, die häufig hinter weiß getünchten Lattenzäunen und in weitläufigen Gärten versteckt sind. Das bleibt auch im Bundesstaat New Hampshire so, der nur einen winzigen, etwa 60 Kilometer langen Küstenabschnitt besitzt.

Der Indian Summer, das überwältigende Farbenspiel der herbstlichen Wälder, lässt sich auf einer beschaulichen Überlandfahrt besonders gut erleben.

Raue Küste, riesige Wälder. Wenn man anstelle des stark befahrenen Maine Turnpike auf dem Weg nach Norden die Küstenstraße 1 benutzt, drängt sich einem schon bald der Eindruck auf, dass der Atlantik die Küste geradezu ausgefressen hat. Das liegt nicht zuletzt an den Winterstürmen, die manchmal mit unberechenbarer Gewalt über diesen Teil Neuenglands herfallen. Wie eh und je spielt hier die Hummerfischerei eine wichtige Rolle. Vor vielen Restaurants stehen große Bottiche, in denen die Schalentiere gekocht werden. Über Portland und Camden schlängelt sich die Straße nach Nordosten bis zum einzigen Nationalpark des Bundesstaats, dem Acadia National Park auf *Mount Desert Island.* An den von der Brandung zernagten Küsten kann man Seehunde, Seeotter und Weißkopfseeadler, die amerikanischen Wappenvögel, beobachten. Zum höchsten Punkt, auf den Cadillac Mountain, führt eine Autostraße, und wer auf dem Gipfel nicht vom Nebel eingehüllt wird, kann den Blick über die gesamte Insel genießen. Landeinwärts liegt *Bangor,* einer der größeren Orte Maines und ein günstiger Ausgangspunkt für die Weiterreise nach Kanada. Ein Blick auf die Karte zeigt, dass es in der nördlichen Hälfte des Bundesstaats Hunderte von Seen gibt, die sich zum Teil in ausgedehnten Wäldern verstekken.

Die Straße 15 verläuft durch ein nur dünn besiedeltes Gebiet, in dem man gelegentlich glauben könnte, sich im nördlichen Skandinavien zu befinden. Größtes stehendes Gewässer ganz Neuenglands ist der *Moosehead Lake,* der eine Fläche von 300 Quadratkilometern bedeckt. Die Ortschaft *Greenville* an seiner Südspitze hat sich in den vergangenen Jahrzehnten zu einem Urlauberzentrum entwickelt. Von hier aus kann man schöne Ausflüge per Auto oder per Boot unternehmen. Im Winter versinkt der Landstrich unter einer mächtigen Schneedecke und die himmlische Ruhe wird höchstens durch den Skizirkus am Squaw Mountain gestört.

»Aber die eigentliche große Stunde des Jahres ist der Herbst, wenn im Indianersommer die Ahornwälder nach einer einzigen Frostnacht wie von einem Zauberstab berührt in ein berauschendes Rot getaucht sind.«

Werner Krum, 1981

Einen Abstecher von Rutland aus lohnt das idyllische Woodstock in Vermont. oben
Der Ausritt am feinsandigen Strand lohnt einen Stopp in Old Orchard Beach, Maine. Mitte
Auf Mount Desert Island, hier bei Somesville, kann man noch das Flair des ausgehenden 19. Jahrhunderts spüren. unten
Dank eines Gemäldes von Edward Hopper ist der Leuchtturm am Pemaquid Point einer der bekanntesten der ganzen Ostküste. rechts

Ein Hauch von Montmartre. Über Rockwood, von wo aus der 545 Meter hoch über den See aufragende Mount Kineo am besten zu sehen ist, verläuft die Route nach Nordwesten und erreicht die Stadt *Québec* am Ufer des mächtigen St.-Lorenz-Stroms. Samuel de Champlain, der von der Normandie aus in See gestochen war, hatte hier im Jahr 1608 eine Siedlung und Pelzhandelsstation errichtet. Sie entwickelte sich in den nachfolgenden eineinhalb Jahrhunderten zum lebhaften und einflussreichen Zentrum der französischen Besitzungen in Nordamerika. Obwohl Québec schon 1759 unter die Kontrolle der Briten kam, blieb es bis heute die frankophone Zitadelle Nordamerikas mit einer Bevölkerung, die zu 95 Prozent französisch spricht. Seit der französische Staatspräsident de Gaulle 1967 in einer Rede auf dem Balkon des Rathauses von Montreal das freie Québec hatte hochleben lassen, unternahmen »Abtrünnige« schon mehrfach den Versuch, sich vom englischsprachigen Kanada abzukoppeln. Heute ist Québec ein wirtschaftliches und kulturelles Zentrum

Begeisterung beim Baseball-Spiel der Blue Jays im Skydome von Toronto. oben
Kleine Hummerbuden säumen die Küstenstraße in Maine. Mitte
Den französischen Charme der Stadt kann man besonders in Québecs Bars und Restaurants erleben. unten
Das 1892 errichtete Luxushotel »Château Frontenac« in Québec ist nach wie vor das erste Haus am Platz. rechts

Kanadas mit einem der größten Inlandshäfen des Landes. Zwischen 1823 und 1832 wurde um die Altstadt eine knapp fünf Kilometer lange Mauer errichtet.
Der Straßenbau des 20. Jahrhunderts schlug manche Lücke in diesen Granitwall. Unverändert aber blieb die Teilung des historischen Kerns in eine Unter- und eine Oberstadt.
In der Unterstadt, wo früher Fischer, Arbeiter und Kaufleute wohnten, reihen sich heute Geschäfte und Wohnhäuser aneinander. Durch die Straßen um die Place d'Armes weht im Sommer, wenn Maler und Karikaturisten in der Rue du Trésor oder in der Rue Ste.-Anne ihre Staffeleien aufbauen, ein Hauch von Montmartre. Um die Place Royale, auf der französische Siedler 1686 eine Büste des Sonnenkönigs aufstellten, drängen sich Giebelhäuser mit unverputzten Steinfassaden.

Ein Hauch von Paris weht durch die Gassen der Altstadt von Québec: Rund um die Place d'Armes laden hübsche Cafés zu einer Pause ein. oben
In der Rue du Trésor reihen sich die Stände der Straßenhändler und Bouquinisten aneinander. Mitte
Über 5000 Restaurants künden in der sinnenfrohen Metropole Montréal vom Savoir Vivre. unten

Hier findet man das alte Québec, das trotz der heutigen Vielzahl von Cafés, Galerien und Antiquitätenläden sein Flair nicht verloren hat.
Hölzerne Stiegen und die Zahnradbahn Funiculaire führen in die Oberstadt hinauf. Die Treppe trägt den beziehungsreichen Namen »Escalier Casse-Cou« (Halsbrechertreppe), und sie zu bewältigen kann im Winter tatsächlich zu einem halsbrecherischen Unternehmen werden.
Nach dem Aufstieg bietet sich von der Terrasse Dufferin ein grandioser Blick auf den St.-Lorenz-Strom und die Dächer der Unterstadt. Beherrschender Bau der Oberstadt ist das im Jahr 1892 errichtete »Château Frontenac«, das erste von insgesamt drei noblen Eisenbahnhotels der Canadian Pacific Railway. Zahlreiche Türmchen, patinagrüne Kupferdächer, Erker und Dachgauben verleihen dem gewaltigen Komplex etwas Märchenhaftes.

Die Amerikaner bezeichnen Montreal gern als die »europäischste« Metropole ihres Kontinents. Blick auf die Innenstadt mit der 1656 erbauten Basilika Notre-Dame rechts; Erinnerung an die Weltausstellung 1967 auf der Flussinsel Ste.-Hélène oben. Den Platz vor der imposanten Glasfassade der Banque Nationale schmückt eine Plastik aus dem Jahr 1981. unten

Partout français! Der mächtige St.-Lorenz-Strom bildet einen unübersehbaren Wegweiser auf dem weiteren Weg, den man am besten am südlichen Flussufer zurücklegt, weil man dort die Sonne nicht im Gesicht, sondern im Rücken hat. *Montreal* ist nach Paris die zweitgrößte französischsprachige Metropole der Welt. Den Reklame- und Hinweisschildern nach zu schließen nimmt sie ihren frankophonen Charakter äußerst ernst. Dafür sorgen schon rigide Sprachgesetze, die vorschreiben, dass sämtliche öffentlichen Beschriftungen französisch sein müssen. Aber so streng, wie die Sprachregelung erscheint, ist Montreal bei weitem nicht. Im Gegenteil – Besucher haben eher den Eindruck, durch ein urbanes Bohemeviertel zu flanieren, in dem eine Atmosphäre herrscht wie sie bis vor einigen Jahrzehnten noch für manche Pariser Stadtteile typisch war. Außerdem besitzt hier die Kultur, die zudem für ihr hohes Niveau bekannt ist, einen enormen Stellenwert. Der Parc du Mont-Royal ist ein Open-Air-Museum für moderne Skulpturen. Galerien und Ausstellungsräume prägen das Gesicht ganzer Straßenzüge. Anderswo, wie etwa in der Rue St.-Laurent, dominieren lebhafte Kneipen und originelle Restaurants, in denen das Savoir Vivre besonders gepflegt wird.

Ein »Treffpunkt« der Kulturen. Eine ganze Tagesreise in Richtung Südwesten trennt die Städte Montreal und Toronto. Der Kontrast zwischen dem französisch inspirierten Montreal und dem anglokanadischen *Toronto* könnte größer kaum sein. Früher musste sich die 3,5 Millionen Einwohner zählende Hauptstadt der Provinz Ontario häufig den Vorwurf gefallen lassen, eine muffige, kleinkarierte Metropole zu sein. In den vergangenen Jahrzehnten hat sich das geändert. 1988 wurde Toronto von der UNO sogar zur am stärksten multikulturell geprägten Stadt der Welt erklärt. Toronto, nach der indianischen Bezeichnung für »Treffpunkt« getauft, ist heute der bedeutendste Industriestandort auf kanadischem Boden. Seit den 1980er Jahren wartet die am nördlichen Ufer des Lake Ontario gelegene Metropole mit einer Wolkenkratzerskyline auf, wie man sie sonst nur von amerikanischen Großstädten kennt. Mit ihren schnell wachsenden Vororten und Satellitensiedlungen breitet sie sich zudem immer weiter ins Hinterland aus.

Fortsetzung Seite 36

Nachts verwandelt sich das Zentrum von Toronto in ein glitzerndes Lichtermeer.

Naturschauspiel Niagarafälle: »donnerndes Wasser«

Über zwölf Millionen Besucher pilgern Jahr für Jahr an den Niagara River, der den Lake Erie mit dem Lake Ontario verbindet und gleichzeitig die Grenze zwischen dem US-Bundesstaat New York und der benachbarten kanadischen Provinz Ontario markiert.

Zwischen den Schwesterstädtchen Niagara Falls (USA) und Niagara Falls (Kanada) liegt eines der bekanntesten Naturwunder Nordamerikas, das die einst in dieser Gegend lebenden Indianer »Niagara«, »donnerndes Wasser«, nannten.

Die Niagarafälle lassen sich in drei Abschnitte unterteilen. Auf der amerikanischen Seite stürzt das Wasser des Niagara River an den etwa 300 Meter breiten, so genannten American Falls etwa 50 Meter in die Tiefe. Sie sind von den kanadischen, rund 640 Meter breiten Horseshoe Falls durch eine Insel, Goat Island, getrennt. Das Eiland bildet eine mächtige Barriere, neben der die kleineren Bridal Veil Falls, die auch unter dem Namen Luna Falls bekannt sind, in die Tiefe donnern.

Unterhalb der kanadischen Fälle wusch die ständige Erosionskraft der Wassermassen einen tiefen Kessel aus dem Gestein. Meist hängt dichter Nebel über diesem Becken, in dem das schäumende Wasser regelrecht zu kochen scheint.

Geologen schätzen, dass das spektakuläre Naturwunder vor etwa 12 000 Jahren,

Bridal Veil Falls hautnah: »Cave of the Winds Tour«. oben
Am Fuß der hufeisenförmigen Fälle schippert die »Lady of the Mist« ihre Fahrgäste bis dicht an die Gischt. rechts

gegen Ende der letzten nordamerikanischen Eiszeit, entstand. Damals grub sich der Fluss seinen Weg über ein zum so genannten Niagara Escarpment gehörendes Kalksteinplateau und stürzte beim heutigen Lewiston auf das Niveau des Lake Ontario hinab. Durch ein Phänomen, das Fachleute rückschreitende Erosion nennen, die zunehmende Unterschneidung und damit die Rückverschiebung der Abbruchkante, wandern die Wasserfälle seither flussaufwärts: In einigen Hunderttausend oder Millionen Jahren werden sie zum Erie-See zurückversetzt sein. Die Grabarbeit der Fälle geht so dynamisch vonstatten, dass sich die Abbruchkante der Fälle Jahr für Jahr um etwa 1,5 Meter verschiebt. Kein Wunder, dass alle, die in Niagara Falls vom Tourismus profitieren, deshalb um den Erhalt der profitablen Sehenswürdigkeit sehr besorgt sind. Seit Jahrzehnten reguliert man die Wassermengen daher künstlich. Tagsüber, wenn die Touristen die pralle Kraft des »donnernden Wassers« sehen wollen, werden die Schleusen geöffnet. Nachts reduzieren die Verantwortlichen die Zuflüsse und lassen das Wasser vor allem durch die Kraftwerke fließen, in denen Strom produziert wird.

Historische Forts am Niagara River

Nördlich von Youngstown, an der Mündung des Niagara River in den Lake Ontario, errichtete das französische Militär im Jahr 1726 eine Befestigungsanlage, die heute Old Fort Niagara genannt wird und zum Fort Niagara State Park gehört. Eine Zugbrücke führt in die mit Kanonen ausgestattete Wehranlage, die älteste ihrer Art auf US-Boden, die auf französische Ursprünge zurückgeht. Gegenüber der Stadt Buffalo liegt am kanadischen Flussufer mit dem rekonstruierten Old Fort Erie eine noch größere Anlage, die von 1764 stammt und 1814 zerstört wurde. Von zwei Vorgängerbauten ist nichts mehr erhalten. Das Fort, das den Grundriss eines fünfzackigen Sterns besitzt, ist heute ein Open-Air-Museum, dessen Wachstube, Pulvermagazin, Baracken und Offiziersquartiere in den Sommermonaten von Freiwilligen in historischen Uniformen neu belebt werden.

Rund 90 Prozent der Wassermenge des Niagara River strömen über die kanadischen Horseshoe Falls in die Tiefe. oben

Ideal zum Wandern und Fischen: die Region um den Moosehead Lake im Herzen von Maine.

Land der Seen und Hügel. Nach einem großen Bogen um den westlichen Lake Ontario erreicht die Route den zwar kurzen, dafür aber weltberühmten Niagara River. Der Fluss stellt die Verbindung zwischen dem Lake Ontario im Norden und dem Lake Erie im Süden her und bildet dabei die spektakulären *Niagarafälle* (siehe Seite 34), die zu den größten und schönsten Wasserfällen der Welt zählen.
Von der Mündung des Niagara River in den Lake Ontario bei Youngstown folgt die Straße 18 zunächst dem Seeufer, ehe sie unter dem Namen Lake Ontario State Parkway nach *Rochester* führt. Früher beherrschten Getreidemühlen seine lokale Wirtschaft. Heute dominieren Betriebe, die optische und chirurgische Geräte herstellen, allen voran der Kodak-Konzern. Die 50 Zimmer große ehemalige Privatresidenz des Firmengründers, das George Eastman House, beherbergt das International Museum of Photography and Film, das die Entwicklung der Fotografie in all ihren Stadien dokumentiert.

Zwischen Rochester und Syracuse dehnt sich südlich der Interstate 90 die Region der *Finger Lakes* aus, benannt nach fünf Seen, deren Ufer Bauernhöfe und Winzerbetriebe säumen.
Ab Syracuse folgt die Route dem Ostufer des Lake Ontario bis nach Watertown und biegt dort nach Osten zum Lake Champlain ab, der die Grenze zwischen den Bundesstaaten New York und Vermont markiert. Die mit 40000 Einwohnern

größte Stadt Vermonts ist das am östlichen Seeufer gelegene *Burlington*. Folgt man der I 89 in östlicher Richtung bis Waterbury, kann man dort auf die Panoramastraße 100 nach Süden abbiegen und über Rutland durch die *Green Mountains* fahren, die vor allem zur Zeit der Laubverfärbung im Herbst grandiose Eindrücke bieten. Von Williamstown aus, wo die malerische Hügellandschaft bereits den Namen *Berkshire Mountains* trägt, führt der Highway 2 quer durch Massachusetts nach Osten. Das gewaltige Denkmal *Hail to the Sunrise* bei Charlemont erinnert daran, dass er dem Mohawk Trail, einem alten Indianerpfad, folgt. Es ist den fünf indianischen Nationen gewidmet, die früher entlang dieser alten Verbindungsstraße gelebt haben, und stellt einen Indianer mit erhobenen Armen dar, der nach Osten blickt, wo weit hinter dem Horizont mit Boston der Endpunkt der Rundreise liegt.

Auch vor den Farmhäusern der einsamen Green Mountains von Vermont werden stolz die prallen, frisch geernteten Kürbisse zur Schau gestellt. oben und unten

Der Lake Ontario bei Port Ontario, New York. links

Planen und erleben …

Blick über den Charles River auf die Skyline von Boston. oben

Im Hafen der hübschen Kleinstadt Camden, Maine. Mitte

Boothbay Harbor, Maine, hat sich zum beliebten Ferienort entwickelt. unten

DIE HIGHLIGHTS

Québec

Winston Churchill nannte die Stadt »Gibraltar Amerikas« und wahrscheinlich hatte er dabei ihre Ansicht mit der hoch aufragenden Oberstadt, dem »Château Frontenac« und der Zitadelle vor Augen. Diese sternförmige Wehranlage spielte zwischen dem 17. und 19. Jahrhundert bei der Verteidigung des Nordostens Nordamerikas eine ausschlaggebende Rolle. Von der Terrasse Dufferin führt hoch über der Unterstadt die Promenade des Gouverneurs teilweise in luftiger Höhe zu den Klippen des Cap Diamant. Einer der bekanntesten Plätze der Oberstadt ist die Place d'Armes mit einem Denkmal des französischen Sonnenkönigs.

Zu den sehenswerten historischen Gebäuden der Stadt gehören das im Jahr 1639 gegründete alte Kloster der Ursulinen, die Kathedrale Notre-Dame von 1844 mit einer schön gestalteten Fassade, die 1804 geweihte anglikanische Kathedrale und der gewaltige Komplex des Hôtel du Parlement, der ab 1877 errichtete Sitz der Regierung der Provinz Québec.

Montreal

Das Hafenviertel Vieux-Montréal hat seinen historischen Charme bis heute bewahrt; das Stadtzentrum Ville-Marie lockt dagegen mit interessanter zeitgenössischer Architektur und einem ausgedehnten unterirdischen Wegenetz für Fußgänger, in dem sich viele Restaurants und Läden befinden.

Zahlreiche Sehenswürdigkeiten liegen in der geschichtsträchtigen Square Mile, wo viele historischen Bauten aus dem 19. Jahrhundert durch Bronzetafeln markiert sind. Bei der Touristeninformation bekommt man einen Plan für einen Rundgang durch dieses Viertel, in dem neben der McGill-Universität mehrere renommierte Museen liegen: Das im Jahr 1860 gegründete Musée des Beaux-Arts de Montréal ist das älteste seiner Art in Kanada; das Musée McCord ist der kanadischen Geschichte gewidmet.

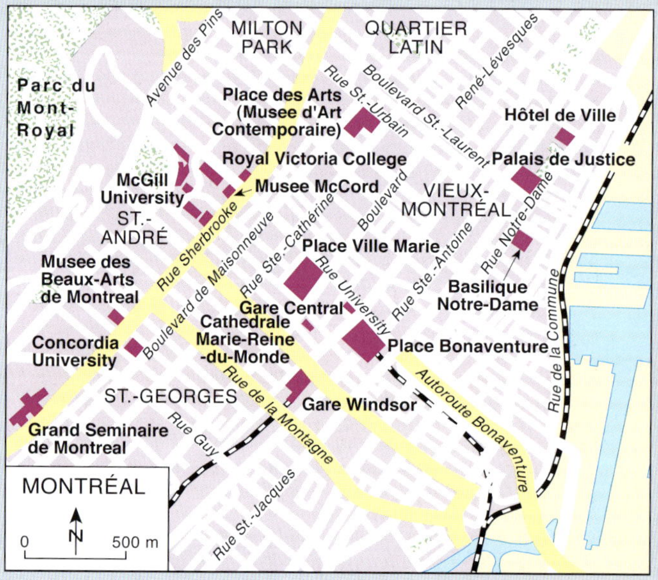

Toronto

Aus der beeindruckenden Skyline der Stadt ragt der 553 Meter hohe CN Tower heraus, eines der höchsten Gebäude der Erde. Von seiner Aussichtsplattform reicht der Blick über die gigantische Steinlandschaft des Ballungsgebiets und im Süden auf den glitzernden Lake Ontario. Am Fuß des Wolkenkratzers liegt der 1989 eröffnete Skydome, eine riesige Sport- und Veranstaltungsarena für 65 000 Zuschauer, deren gewaltige Kuppel bei gutem Wetter innerhalb von 20 Minuten geöffnet werden kann.

Nur wenig entfernt liegt das alte Fort York, das nach der Zerstörung durch US-Truppen im Jahr 1813 wiederaufgebaut wurde. In den Sommermonaten wird hier das Garnisonsleben eines Außenpostens des britischen Kolonialreichs nachgespielt.

Liebhaber der fernöstlichen Küche kommen in Toronto mit Sicherheit auf ihre Kosten – immerhin gibt es drei Chinesenviertel. Am besten erreichbar ist die Chinatown entlang der Dundas Street und der Spadina Avenue. Dort verlocken die Wohlgerüche aus Dutzenden von Restaurants und

Wo der Indian Summer am schönsten ist

Warme, sonnige Tage und kühlere Nächte: Diese Verbindung löst in den Blättern der Laubbäume das herrliche Farbenspiel aus, das als Indian Summer in aller Welt berühmt wurde. Die Laubfärbung beginnt in den Wäldern Kanadas und hat etwa Mitte bis Ende September die Neuenglandstaaten erreicht.
Im Oktober verwandeln sich schließlich auch die White Mountains von New Hampshire in ein Farbenparadies. Die »flammenden Wälder« dieses Berglands lassen sich besonders gut bei einer Fahrt über den Kancamagus Highway betrachten.
Wer mit der Zahnradbahn Coq Railway auf den Gipfel des knapp 2000 Meter hohen Mount Washington fährt, erlebt in den Tallagen die wunderschönen Wälder und an der Bergstation nicht selten »sibirische« Kälte mit Temperaturen weit unter null Grad Celsius. In Maine lohnt ein Abstecher in den Baxter State Park, der sich etwa in der Mitte des Staates um den 1606 Meter hohen Mount Katahdin erstreckt.

Garküchen zu kulinarischen Entdeckungsreisen. Einen starken Kontrast bilden die beiden Rathäuser der Stadt: Die ehrwürdige Old City Hall vom Ende des 19. Jahrhunderts ist ein Beispiel für den neoromanischen Baustil. Mit zwei in ihrem Grundriss halbkreisförmigen Gebäudekomplexen dominiert die 1965 nach einem Entwurf des finnischen Architekten Viljo Revell errichtete New City Hall den Nathan Philips Square.

ON THE ROAD

Neuengland ist mit Hotels, Motels und Campingplätzen gut ausgestattet. In der Hauptsaison von Juni bis September sowie in den sich anschließenden Herbstmonaten sollte man Zimmer in touristisch attraktiven Gegenden vor allem an Wochenenden unbedingt vorbestellen. Entlang der Küste sind viele Unterkünfte von Oktober bis Mai geschlossen. Diejenigen, die geöffnet haben, verlangen niedrigere Winterpreise. Das Frühstück ist im angebotenen Zimmerpreis normalerweise nicht inbegriffen.

Souvenirs

Auf Reisen durch Neuengland sieht man an der Küste immer wieder Fischerhäuschen und Lagerschuppen, die mit Signalbojen für Netze und Reusen dekoriert sind. Diese Bojen gibt es in allen Farben und Formen, auch werden sie aus unterschiedlichen Materialien hergestellt. In den üblichen Größen beanspruchen diese Souvenirs allerdings einigen Platz im Reisegepäck. Aber hin und wieder findet man auch kleinere Exemplare zu kaufen, die sich vorzüglich dazu eignen, zu Hause die Erinnerung an eine Neuengland-Tour lebendig zu halten.

Köstlichkeiten aus dem Atlantik

Aus gutem Grund ist der nördliche Teil des neuenglischen Atlantiksaums auch unter der Bezeichnung Hummerküste bekannt: Der vergleichsweise preiswerte Hummer gehört dort zur Alltagsnahrung und ist aus der Küche der Region nicht wegzudenken. Die Schalentiere kommen in unterschiedlichen Zubereitungsarten auf den Tisch, werden aber meist schlicht in Salzwasser gekocht und halbiert mit zerlassener Butter gegessen. Eine weitere Delikatesse sind Scallops (Jakobsmuscheln) und Clam Chowder, eine Art gebundener Muschel-Kartoffel-Eintopf.

Entfernungen

km	**Boston**	2982
	210 km	
210	**Portland**	2772
	326 km	
536	**Bangor**	2414
	358 km	
894	**Québec**	2088
	258 km	
1152	**Montréal**	1830
	525 km	
1677	**Toronto**	1305
	134 km	
1811	**Niagara Falls**	1171
	301 km	
2112	**Syracuse**	870
	392 km	
2504	**Burlington**	478
	154 km	
2658	**Rutland**	324
	324 km	
2982	**Boston**	km

Die Kirche von Ellsworth, Maine. links oben
Ein Souvenir aus Neuengland? links unten
Vom Cadillac Mountain auf Mount Desert Island bietet sich ein herrlicher Blick auf die Küste von Maine. unten

Genuine Draft
ONLY
ONLY

Route **2**

Von Boston nach Key West

Von den rauen Küsten Neuenglands, an denen einst die Pilgerväter landeten, bis zum spanisch geprägten Süden Floridas: Nirgendwo sonst in den USA ist die amerikanische Vergangenheit noch so lebendig wie an der Ostküste.

Washington D. C., die glanzvolle Hauptstadt der USA: Blick über die Pennsylvania Avenue auf das Kapitol.

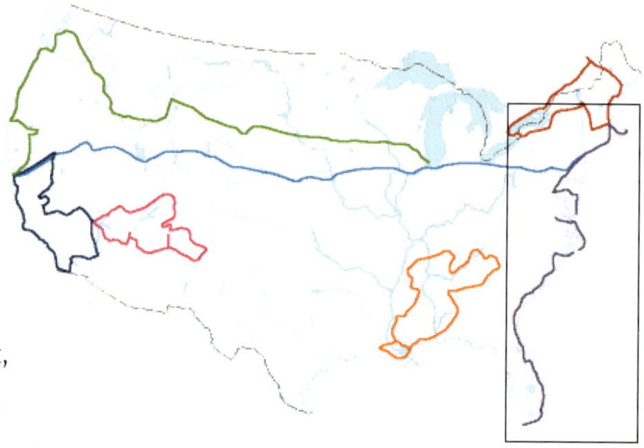

»Wiege der USA«: die Ostküste

Pulsierende Metropolen, allen voran der »Big Apple« New York, laden ebenso zur Entdeckung ein wie Museumsdörfer, liebevoll bewahrte historische Stätten und verträumte Plantagen. Doch auch Naturfreunde kommen bei einer Reise entlang der Ostküste auf ihre Kosten, sei es in den einsamen Wäldern Neuenglands oder in den subtropischen Sümpfen des »Sunshine State« Florida.

Alljährlich findet in Philadelphia der Hoagie Day statt. Zu den Höhepunkten des fröhlichen Festes gehört ein Wettbewerb, bei dem es darum geht, das größte und beste Sandwich herzustellen. Nachdem die Sieger ermittelt sind, werden alle Sandwiches unter den Zuschauern verteilt.

Kaum eine amerikanische Metropole gilt als so geschichtsträchtig und traditionsverbunden wie *Boston*, die Hauptstadt des Bundesstaates Massachusetts. Zu Recht gilt das etwa 600 000 Einwohner zählende Boston als inoffizielle Kapitale Neuenglands, bildet es doch das wirtschaftliche, politische und kulturelle Zentrum der Neuenglandstaaten.

1630 gründeten englische Puritaner, die 1620 an Bord der »Mayflower« nach Amerika gekommen waren, die Stadt und sechs Jahre später das Harvard College, Vorgänger der namhaften Harvard University im benachbarten Cambridge. Zusammen mit dem nicht weniger renommierten, 1861 ins Leben gerufenen Massachusetts Institute of Technology (MIT) dokumentiert diese bis heute die Bedeutung der Bildung und Erziehung im Weltbild der so genannten Pilgerväter. Zwar hat der puritanische Geist der Stadtgründer in den vergangenen 350 Jahren einer toleranteren Haltung Platz gemacht; Traditionsbewusstsein und ein ausgeprägtes Gefühl für Lokalgeschichte gehören jedoch nach wie vor zu den herausragenden Eigenschaften der Bostoner Bürger.

So ist auch nicht verwunderlich, dass auswärtige Gäste zuerst zum historischen Herzen der Stadt, dem Boston Common, geführt werden. In diesem Park bahnte sich 1770 mit dem »Boston Massacre« die amerikanische Revolution, der Kampf um die Unabhängigkeit, an, als britische Truppen in eine über die hohe Besteuerung der Kolonien aufgebrachte Menschenmenge schossen und fünf Männer töteten. Drei Jahre später spitzte sich das Verhältnis zwischen Massachusetts und der englischen Krone mit der »Boston Tea Party« weiter zu, bei der 90 als Indianer verkleidete Bürger der Stadt ein Schiff der East India Company enterten und die aus England importierten Teeladungen aus Protest gegen eine Teesteuer ins Hafenbecken warfen. Ein alter, an der Congress Street Bridge vor Anker liegender Frachtsegler, auf dem die Szene mehrmals täglich nachgespielt wird, hält die Erinnerung an dieses Ereignis wach.

Ländlicher Charme. Bei der Fahrt auf der Straße 3A in südöstlicher Richtung lässt man den Ballungsraum Boston schnell hinter sich. Als erstes Etappenziel lädt das Städtchen *Plymouth* zu einem Besuch ein. Hier waren die Pilgerväter auf der Suche nach religiöser Freiheit an Land gegangen und hatten die Siedlung Plimoth Plantation gegründet. Das als Freilichtmuseum rekonstruierte Dorf ist von Palisadenzäunen umgeben, hinter denen kleine Holzhäuschen im Stil der Pionierzeit stehen,

Das mächtige Tor an der Atlantic Avenue ist das Wahrzeichen des Hafens von Boston.

umgeben von Gemüse- und Kräutergärten und Obstbäumen, in denen im Herbst die reifen Früchte glänzen. Im Hafen von Plymouth liegt ein Nachbau der »Mayflower« vor Anker.
Von Plymouth sind es nur 24 Kilometer bis zum Cape Cod Canal, der *Cape Cod* zu einer künstlichen Insel macht. Wie ein spitzer Angelhaken ragt die Halbinsel südöstlich von Plymouth in den Atlantik hinein. Mit kleinen Ortschaften, unverbauten Stränden und der Touristenhochburg Provincetown zieht dieses ländliche Urlauberparadies Besucher aus dem In- und Ausland an.

Treffpunkt der High Society. Das puritanische Regiment, das die frühen Kolonisten in Massachusetts führten, behagte manchen liberaleren Zeitgenossen ganz und gar nicht. Zu ihnen gehörte Roger Williams, welcher der Kolonie 1636 den Rücken kehrte und an der Nordseite der Narragansett Bay mit *Providence* die heutige Hauptstadt von Rhode Island gründete. Der flächenmäßig kleinste US-Bundesstaat lockte die Menschen schon zu dieser Zeit durch seine Naturszenerie an. Mit landschaftlichen Reizen wartet auch das über 300 Jahre alte *Newport* auf, das auf einer Insel inmitten der weiten Narragansett Bay liegt. In der zweiten Hälfte des 19. Jahrhunderts übte das Hafenstädtchen eine magische Anziehungskraft auf Amerikas Industriebarone aus. Cornelius Vanderbilt II. ließ sich am Ocean Drive mit The Breakers direkt über den Klippen einen Palast mit 70 Räumen erbauen.
Andere Herrenhäuser wie The Elms, Rosecliff, Château-sur-Mer und Marble House stehen dem Anwesen an Luxus kaum nach. Auf der ebenfalls am Ocean Drive gelegenen Hammersmith Farm feierten John F. Kennedy und Jacqueline Bouvier 1953 ihre Hochzeit.

»Die 100-Meilen-Reise auf dem Overseas Highway Number One über die 43 Inseln, die Keys, verschafft Einsichten. In keinem Teil der Vereinigten Staaten ist man dem Herzen, dem Lebensgefühl Amerikas näher.«

Andreas Altmann, 1994

Der »Big Apple«. Am Atlantiksaum des Bundesstaates Connecticut entlang führt die Küstenstraße über den alten Seefahrerhafen *Mystic* und die bekannte Universitätsstadt *New Haven* mit der Yale University in Richtung *New York*. Meilenweit von den puritanischen Hochburgen Neueng-

Die Seven Mile Bridge, die längste der 42 Brücken über die Florida Keys. oben
Als grüne Oase präsentiert sich der Copley Square vor der Trinity Church in Boston. unten
Außerhalb der Sommersaison finden sich auf der Halbinsel Cape Cod einsame Plätze. rechts

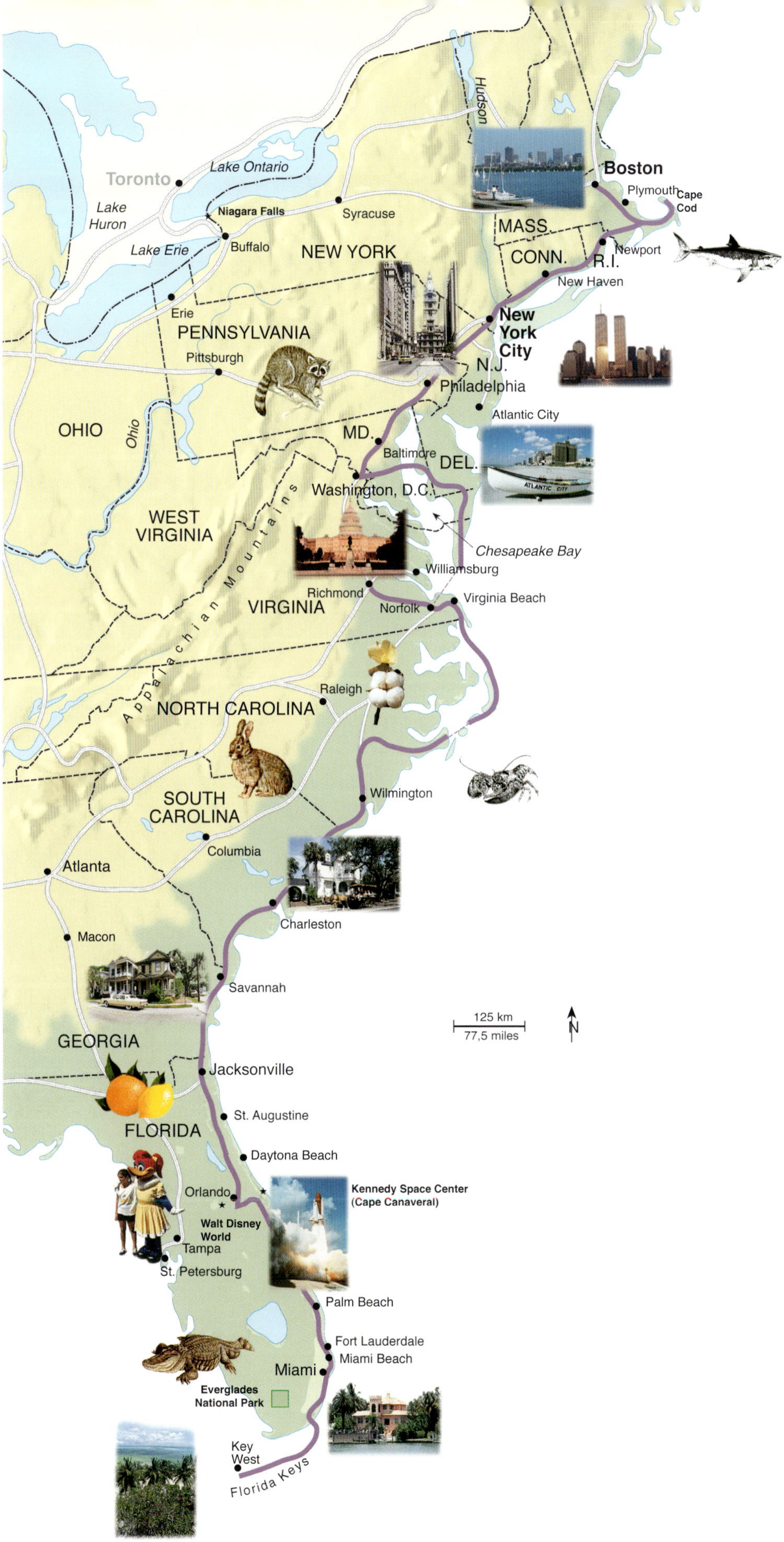

Auf der »Mayflower II«, die in Plymouth vor Anker liegt. oben
Am Times Square schlägt das Herz von New York. Mitte
Das Flagler College in St. Augustine ist in einem 1885 errichteten Luxushotel untergebracht. unten

Allgegenwärtig sind die berühmten »Yellow Cabs«, die gelb lackierten New Yorker Taxis.
oben
Am Straßenrand geparkte Luxuskarossen mit Chauffeur – auf der Fifth Avenue ein nicht ungewöhnlicher Anblick.
unten
Bei seiner Fertigstellung 1902 war das Flatiron Building das höchste Gebäude New Yorks.
rechts

lands entfernt, ist der »Big Apple« nicht durch religiösen Traditionalismus, sondern eher durch Geld und Kommerz geprägt. Mit den Millionen Einwanderern, die auf Ellis Island erstmals amerikanischen Boden betraten, gelangten aber auch vielfältige Ideen, kulturelle Einflüsse, Brauchtum, Kunstsinn und schließlich kriminelle Energie aus fast allen Teilen der Welt in die Stadt. All diese Elemente trugen bei zum Mythos New York, zur Erfolgsgeschichte einer Weltstadt, die von den einen als »Tollhaus der westlichen Zivilisation« verflucht, von den anderen als »pochendes Herz Amerikas« verehrt wird. Gleichgültig gelassen hat die Metropole noch niemanden.

Herz und Seele von New York City ist die Insel Manhattan, die im Osten vom East River, im Westen vom Hudson River umflossen wird. Über 200 Wolkenkratzer verwandelten das Stadtzentrum bereits im 19. Jahrhundert in eine bizarre Canyonlandschaft. Wie viele Menschen in New York City leben, weiß niemand genau. Schätzungen zufolge dürften es 7,3 Millionen sein, womit die Stadt auf Platz eins in den USA rangiert. Alljährlich registriert sie etwa 17 Millionen Besucher aus aller Welt, die sich die Rosinen aus einem schier unerschöpflichen Angebot an Kultureinrichtungen heraussuchen können. Immerhin gibt es rund 150 Museen, über 400 Kunstgalerien und 38 Broadway-Theater. Wer zum ersten Mal hier ist, sollte mit der Fähre nach Staten Island fahren, um über die Wellen des Hudson River hinweg einen Blick auf die Skyline der Stadt und ihr berühmtestes Wahrzeichen, die Freiheitsstatue, zu werfen. Es lohnt auch, sich per Aufzug auf das Aussichtsdeck des Empire State Building befördern zu lassen, um einen Eindruck von der Größe Manhattans zu bekommen. Natürlich kann die Vogelperspektive den Gang durch die Straßenschluchten nicht ersetzen: New York ist eine urbane Wildnis, die erforscht werden will.

Bilderbuch der Geschichte. Zwischen dem »Big Apple« und der amerikanischen Bundeshauptstadt Washington, D. C., dehnte sich noch vor 200 Jahren sanft gewelltes Farmland mit großen Waldflächen aus. Heute ist dieser Landstrich als »metropolitaner Korridor« bekannt und wird von einem Netz aus Schnellstraßen und Hochspannungsleitungen, Eisenbahnlinien und Wasserwegen durchzogen. Erst ein aufmerksamerer Blick zeigt, dass es sich um

Philadelphia – nach New York City die zweitgrößte Metropole der amerikanischen Ostküste. Vom Philadelphia Museum of Art oben blickt man über den Benjamin Franklin Parkway auf die City links.

Trotz seiner bedeutenden historischen Zeugnisse ist Philadelphia kein Geschichtsmuseum, sondern eine ausgesprochen lebendige Stadt. unten

Washington hat das ganze Jahr über Saison – und ist ohne Frage das beliebteste Ausflugsziel für Schulklassen von Maine bis Texas, die sich in Scharen vor den Denkmälern wie der Statue Abraham Lincolns im Lincoln Memorial oben oder dem 169 Meter hohen Obelisken des Washington Monument unten einfinden.

historisch sehr bedeutenden Boden handelt: Mit der »Battle of Trenton« fand hier im Jahr 1776 eine der wichtigsten Schlachten des amerikanischen Unabhängigkeitskriegs statt, in Philadelphia wurde die US-Verfassung ausgearbeitet und von Delaware als erstem US-Bundesstaat ratifiziert.

Das geschichtsträchtige *Philadelphia* wird gern als »Wiege der Nation« bezeichnet. Zwischen 1790 und 1800 bildete die Metropole das politisch-administrative Zentrum der USA. Am 4. Juli 1776 wurde dort die amerikanische Unabhängigkeit proklamiert und mit der berühmten Freiheitsglocke eingeläutet, die vor einigen Jahren einen Ehrenplatz in einem eigens errichteten Pavillon zugewiesen bekam. Neben der Unabhängigkeitserklärung gehören die amerikanische Verfassung, die 1787 in Philadelphia verabschiedet wurde, und die drei Jahre später hinzugefügte Bill of Rights zu den wichtigsten Dokumenten der US-Geschichte.

Baltimore, die größte Stadt von Maryland, ist selbst vielen Amerikanern nur durch Berühmtheiten wie den Dichter Edgar Allan Poe oder den Rockmusiker Frank Zappa bekannt. Durch ein Sanierungsprogramm in den 1980er Jahren hat die zuvor vom wirtschaftlichen Niedergang geprägte Stadt ein neues Gesicht erhalten. Das prominenteste Projekt ist der Inner Harbor, nun das Schaustück der Metropole.

Großstadtflair und Angleridylle. Maryland leistete den wichtigsten Beitrag zur Gründung der nur einen Katzensprung entfernten Bundeshauptstadt *Washington, D. C.*: Als um die Wende vom 18. zum 19. Jahrhundert ein Standort für eine neu zu errichtende Metropole gesucht wurde, trat Maryland einen Teil seines Territoriums ab. Mit dem Sitz des Parlaments und der US-Regierung ist Fortsetzung Seite 54

Nur eine knappe Autostunde von Washington entfernt liegt die Stadt Baltimore, die einen der größten Häfen der Vereinigten Staaten besitzt.

Plantagen der Ostküste: eine versunkene Epoche

Seit der Film »Vom Winde verweht« den tiefen Süden Amerikas in aller Welt bekannt machte, gelten Antebellum-Villen aus der Zeit vor 1861 und stolze Pflanzerresidenzen als nostalgische Sinnbilder einer längst vergangenen Ära. Die romantisierende Sichtweise blendet dabei häufig aus, dass der aufwändige Lebenswandel der damaligen Oberschicht auf der Knochenarbeit von Zehntausenden von Sklaven basierte, die aus Schwarzafrika deportiert worden waren.

Mit ihrer eigenen Händearbeit bewirtschafteten die Eltern George Washingtons eine kleine Plantage südöstlich von Fredericksburg in Virginia, die heute als George Washington Birthplace vor allem amerikanische Besucher anzieht. Zwar steht das Geburtshaus des US-Präsidenten (1732–1799) nicht mehr, in den später errichteten Gebäuden stellen jedoch Männer und Frauen in historischen Kostümen das Landleben des 18. Jahrhunderts vor. Nur wenige Kilometer entfernt liegt die Stratford Hall Plantation, auf der 1807 ein weiterer Prominenter zur Welt kam: der spätere Oberbefehlshaber der Südstaatentruppen im Bürgerkrieg, General Robert E. Lee. Das aus braunen Ziegeln erbaute Herrenhaus der Plantage liegt am Ufer des Potomac River inmitten von Feldern, von denen heute noch ein Teil bewirt-

Sklavenquartier auf der Boone Hall Plantation. oben
In der Plantage, auf der George Washington zur Welt kam. Mitte
Die Magnolia Plantation bezaubert durch ihren herrlichen Park. unten

Die James River Plantations in Virginia

Virginias schönste und interessanteste Plantagen liegen am Ufer des James River. Folgt man von Richmond der Straße 5 nach Süden, erreicht man zunächst die 1660 gegründete Shirley Plantation, deren heutiges Herrenhaus aus dem Jahr 1723 stammt. Hier wurde die Mutter des späteren Südstaatengenerals Robert E. Lee (1807–1870) geboren. Das elegante Anwesen besitzt im Innern eine über drei Etagen reichende, freitragende Treppe. Auf der Berkeley Plantation mit einem 1726 erbauten Wohnhaus lebte vorübergehend William H. Harrison, US-Präsident im Jahr 1841. Das Wohnhaus der Westover Plantation wurde um 1730 von William Byrd, dem Gründer der Stadt Richmond, inmitten einer malerischen Gartenanlage erbaut. Das Herrenhaus der benachbarten Evelynton Plantation brannte im Bürgerkrieg ab und wurde 1935 durch das heutige Gebäude mit seinen großen, lichtdurchfluteten Räumen ersetzt. Die Sherwood Forest Plantation ist seit 250 Jahren im Besitz derselben Familie.

schaftet wird. Zum Anwesen gehören eine Getreidemühle und einfache Sklavenunterkünfte.

Bei Charlottesville liegt mit Ash Lawn-Highland der ehemalige Besitz des fünften US-Präsidenten James Monroe (1758–1831), der dort von 1799 bis 1823 Tabak anbauen ließ. Der erste Mann im Staat pflegte diese Nebentätigkeit nicht aus Passion, sondern aus purer Not.

Während er in Paris als US-Botschafter amtiert hatte, waren ihm seine Schulden über den Kopf gewachsen, sodass er schließlich sogar seine Farm verkaufen musste.

Die beiden nicht weit von Charleston, South Carolina, entfernt gelegenen Pflanzungen Boone Hall Plantation und Magnolia Plantation unterscheiden sich stark voneinander. Die Magnolia Plantation war kein landwirtschaftlicher Betrieb im eigentlichen Sinn, sondern wurde im ausgehenden 17. Jahrhundert von der schwerreichen Familie Drayton als Gartenanlage eingerichtet und genutzt. Heute bildet der ausgedehnte Park ein reizvolles Erholungsgelände.

Auf der Boone Hall Plantation hingegen schufteten Sklaven, die zum Teil auf dem Sklavenmarkt in Charleston gekauft worden waren, auf den Baumwollfeldern. Anfang des 20. Jahrhunderts stellten die Betreiber die Produktion auf Pecan-Nüsse um.

Die Auffahrt zum Herrenhaus führt durch eine prachtvolle Eichenallee, die schon in vielen Filmen und Werbestreifen als typisches Südstaatenmotiv herhalten musste.

Von der alten Herrlichkeit ist auf der Hofwyle Broadfield Plantation an der Atlantikküste von Georgia nicht mehr viel übrig. Die zehn Kilometer südlich von Darien gelegene ehemalige Reisplantage sieht eher aus, als sei sie schon vor langer Zeit in einen Dornröschenschlaf gefallen. Deiche, Schleusensysteme und eine Hand voll zum Teil windschiefer Gebäude sind die einzigen Relikte der Plantage, die heute als State Park verwaltet wird.

Eine der wenigen Plantagen Floridas, die den Zeitenwechsel überstanden hat, ist die Kingsley Plantation an der Mündung des Johns River in den Atlantik. Ihr Besitzer Zephaniah Kingsley, ein mit einer Senegalesin verheirateter Quäker, glaubte zwar an die Überlegenheit der dunkelhäutigen Rasse, ließ seine Baumwoll-, Zucker- und Zitrusfruchtkulturen aber trotzdem von rund 200 Sklaven bewirtschaften. Um sie zur Arbeit zu motivieren, setzte er ein bestimmtes Tagespensum fest. War es erreicht, konnten die Sklaven frei über ihre restliche Zeit verfügen.

Die Plantage Magnolia ist gut von Charleston aus erreichbar. oben und unten

Das Denkmal für James Monroe auf der Plantage Ash Lawn-Highland. Mitte

Die weite Chesapeake Bay, ein Eldorado für Wassersportler und Naturfreunde.

Ein lohnenswerter Abstecher führt nach Williamsburg, Virginia, das mit seinen »Bewohnern« in historischer Tracht einen guten Einblick in den Alltag der Siedler im 17. Jahrhundert bietet. oben
Im Freilichtmuseum von St. Mary's City südöstlich von Washington kann man eine Tabakplantage besichtigen, die wie im 17. Jahrhundert bewirtschaftet wird. unten

Washington, D. C., das unumstrittene Machtzentrum der Vereinigten Staaten. In den vergangenen Jahrzehnten verwandelte sich die Kapitale aber auch immer mehr in ein nationales Schaufenster und vor allem in einen Hort der Kunst und Kultur. Nirgendwo wird dies so deutlich wie an der drei Kilometer langen Mall, einer Mischung aus Prachtstraße und Stadtpark. So mondän und hauptstädtisch sich Washington, D. C., gibt: Bereits wenige Kilometer weiter östlich dehnt sich mit der *Chesapeake Bay* eine riesige Bucht mit malerischen Fischerorten und stillen Anglerrevieren aus. Im Osten wird sie durch eine sehr ländliche Halbinsel, die sich die Bundesstaaten Maryland, Delaware und Virginia teilen, zum Atlantik hin abgeschirmt. An der zum Meer hin offenen Südseite bildet der Bay Bridge Tunnel eine ungewöhnliche Verbindung für den Autoverkehr, die einerseits aus einer Brücke, andererseits aus einem Tunnel unter dem Meeresgrund besteht. Er führt in eine Region namens *Hampton Roads*, worunter die Einheimischen den Ballungsraum der Städte und Werftenstandorte Hampton, Newport News, Norfolk, Virginia Beach, Portsmouth, Chesapeake und Suffolk verstehen.

Das »historische Dreieck«. Nirgendwo an der Ostküste ist die Vergangenheit noch so lebendig wie zwischen Hampton Roads und Virginias Hauptstadt Richmond. Im so genannten »historischen Dreieck« kann man mit dem Besuch der Orte Jamestown, Williamsburg und Yorktown einen Ausflug in die Kolonialzeit unternehmen. Auf der winzigen Insel *Jamestown*, wo 1607 die Schiffe »Susan Constant«, »Godspeed« und »Discovery« vor Anker gingen, entstand die erste dauerhafte englische Kolonie auf nordamerikanischem Boden.

Von den einstigen Gebäuden ist kaum mehr etwas erhalten; im benachbarten Freilichtmuseum Jamestown Settlement wurden jedoch die Wohnhäuser und die Kirche der Pioniere nach Originalplänen nachgebaut.
Dank der finanziellen Unterstützung John D. Rockefellers konnte der alte Kern der Stadt *Williamsburg* mit fast 150 Gebäuden nahezu vollständig restauriert werden. In der Historic Area geben hervorragend geschulte Akteure in historischer Kleidung einen Einblick in das Leben der Kolonialzeit. Und in *Yorktown* sind die Schlachtfelder zu sehen, auf denen die Briten im Revolutionskrieg gegen die amerikanisch-französischen Truppen 1781 eine entscheidende Niederlage erlitten.

Schatzkammer der Architektur. Auf der Weiterreise durch Virginia lässt sich vielerorts noch das Flair der Südstaaten erleben. Dies gilt auch für die Nachbarstaaten North und South Carolina sowie Georgia. Besonders deutlich ist der Rhythmus des Südens aber im 1670 gegründeten *Charleston*, South Carolina, spürbar, das 1861 Geschichte machte, als in Fort Sumter vor der Stadt die ersten Schüsse des Bürgerkriegs fielen. Prächtige Villen, weiß getünchte Cottages und überbordende Gärten prägen das Bild der eleganten Stadt. Ähnlich reich an historischen Bauten ist *Savannah*, Georgia, das 1733 von den Engländern am Südufer des Savannah River gegründet wurde. Schöne Eichenalleen ziehen sich durch die Stadt, die einst einer der weltweit bedeutendsten Umschlagplätze für Baumwolle war.
An der Küste Georgias entlang geht die Fahrt weiter nach Süden, vorbei an einstigen Plantagen, kleinen Fischerdörfern und Inseln, die durch den Tourismus in gepflegte Ferienresorts verwandelt wurden.

Der Besuch in Charleston mit seinen Kolonialvillen aus dem 18. und 19. Jahrhundert ist einer der Höhepunkte jeder Reise entlang der Ostküste. links
Friedliche Idylle: In vielen Vierteln Savannahs ist die Stimmung des »Alten Südens« noch spürbar. oben
Schöne Strände – wie hier Folly Beach – findet man auf den Charleston vorgelagerten Inseln. unten

Mit ihren unzähligen großen und kleinen Attraktionen begeistert die Walt Disney World bei Orlando keineswegs nur Kinder. oben und unten

Amerikas »Sunshine State«. Obwohl sich seine internationale Reputation eher auf Lifestyle und Badestrände stützt, wartet auch Florida mit einer vierhundertjährigen Geschichte auf. Bestes Beispiel dafür ist das 1565 von den Spaniern gegründete *St. Augustine*, die älteste ständig bewohnte Stadt der USA. Die malerische Altstadt mit ihren Gebäuden aus dem 18. und 19. Jahrhundert bezaubert ebenso durch spanisches Flair wie die über 300 Jahre alte Festung, das Castillo de San Marcos.
Für die besondere Anziehungskraft Floridas sorgen nicht zuletzt zwei unweit von St. Augustine gelegene Reiseziele. Im Süden von Orlando entstand in den 1970er Jahren das Vergnügungszentrum *Walt Disney World* und am Cape Canaveral gibt das *Kennedy Space Center* einen Einblick in die Entwicklung der Raumfahrt. Seit über 100 Jahren gilt die Atlantikküste des »Sunshine State« als populäres Feriengebiet. Um sie möglichst hautnah zu erleben, nimmt man auf dem Weg nach Süden die Küstenstraße A1A, die größtenteils über vorgelagerte Sandbankinseln mit lebhaften Ferienkolonien und menschenleeren Sandstränden führt. Unter den Orten an Floridas Badeküste ragt *Palm Beach* besonders heraus, gilt es doch als exklusiver Tummelplatz der Reichen und Schönen des Landes. Weit bescheidener

gibt sich dagegen *Fort Lauderdale*, dem die vielen Wasserwege und Kanäle den Beinamen »Venedig Amerikas« einbrachten. *Miami Beach* lebt ausschließlich vom Tourismus. Das in den 1930er Jahren entstandene Art-déco-Viertel steht nach seiner aufwändigen Restaurierung bei Filmemachern und Fotografen ebenso hoch im Kurs wie bei Stars und Sternchen, die sich vorwiegend in den Bars und Restaurants am berühmten Ocean Drive sehen lassen.
Am Stadtrand von Miami beginnt mit den *Everglades* eine einzigartige, mittlerweile von der Zivilisation bedrohte Naturlandschaft. Dieses »Meer aus Gras«, wie die Indianer es nannten, ist ein lebenswichtiges Rückzugsgebiet für zahlreiche Tiere. Südlich der Everglades führt der Overseas Highway über 42 Brücken und künstliche Dämme über die Florida Keys, eine fast 200 Kilometer lange Kette aus zum Teil winzigen Koralleninseln, die sich in die Karibik hineintasten. Am Ende dieser exotischen Perlenkette liegt *Key West*, in dessen gleichnamiger Hauptstadt Ernest Hemingway (1899–1961) lebte. Heute prägt ein buntes Völkchen von Lebenskünstlern und Amateurphilosophen, Kneipenroutiniers und Müßiggängern den Ort – von den Zehntausenden von Touristen einmal abgesehen, die es ebenfalls auf eine Prise Karibik abgesehen haben.

Die endlosen Sandstrände um Fort Lauderdale – hier der Hollywood Beach – laden zum Ausspannen ein. links
Im Kennedy Space Center sind Raketenmodelle zu bewundern. oben
Nächtliches Rendezvous am Ocean Drive in Miami Beach. unten

Planen und erleben …

Daytona Beach, der einzige Strand Floridas, der mit Autos befahren werden darf. oben
Über die hübsche Stadt Orlando führt der Abstecher zur Walt Disney World. Mitte
Mount Vernon, das Landhaus George Washingtons, nahe der Hauptstadt. unten

DIE HIGHLIGHTS

Boston

Bostons Kern liegt auf einer Halbinsel südlich des Charles River. Die bedeutendste Touristenattraktion der Stadt ist der mit einem roten Farbstrich gekennzeichnete Freedom Trail, der am Stadtpark Boston Common beginnt. Er führt zu den wichtigsten Stätten, die im Kampf um die amerikanische Unabhängigkeit Berühmtheit erlangten: das Old State House, die Faneuil Hall als historischer Tagungsort der Bürgerversammlungen, das Old South Meeting House, das ehemalige Wohnhaus des legendären Revolutionshelden Paul Revere und der Charleston Navy Yard mit dem 1797 vom Stapel gelaufenen Kriegsschiff »USS Constitution«. Besucher streunen besonders gern durch den historischen Stadtteil Beacon Hill hinter dem Kapitol.

New York City

Vor der Besichtigung von Lower Manhattan, der Südspitze der Halbinsel, lohnt sich zunächst die Schifffahrt zur Freiheitsstatue und zum Einwanderermuseum auf Liberty Island. Im Battery Park liegt das Smithsonian's National Museum of the American Indian. Von dort sind die berühmte Wall Street, das 1842 erbaute Federal Hall National Memorial, der South Street Seaport mit seinen historischen Schiffen, die Brooklyn Bridge, die quirlige Chinatown, das Künstlerviertel SoHo und Greenwich Village erreichbar. Weitere wichtige Sehenswürdigkeiten liegen in Midtown Manhattan, das sich etwa vom Empire State Building bis zum Central Park erstreckt.
Eine der größten Kunstsammlungen der westlichen Welt ist im Metropolitan Museum of Art zu sehen.
Zeitgenössischer Kunst widmet sich das Solomon R. Guggenheim Museum, und das American Museum of Natural History lockt seine Besucher unter anderem mit zwei Saurier-Hallen.

Philadelphia

Im Herzen der »Stadt der brüderlichen Liebe« richtete die Nationalparkverwaltung den Independence National Historical Park ein, der viele geschichtlich bedeutsame Gebäude und Einrichtungen umfasst. Dazu gehört die Carpenters' Hall, in der 1774 der erste Kontinentalkongress mit den Delegierten der einzelnen Kolonien abgehalten wurde, und die Independence Hall, in der zwischen 1790 und 1800 der amerikanische Kongress tagte. Nicht weit entfernt

Shopping in New York
Die Weltstadt New York City ist bekanntermaßen ein unvergleichliches Einkaufsparadies. Auf der Fifth Avenue finden sich zahlreiche exklusive Designerläden, Boutiquen und Filialen von Nobelgeschäften wie etwa Cartier und Tiffany. Schnäppchen kann man hin und wieder in den großen Kaufhäusern machen. Unter dem Schlagwort »Sale« werden preisreduzierte Waren nicht nur im Sommer- und Winterschlussverkauf angeboten. Hier einige Adressen:
Abraham & Strauss, 33rd St. und 6th Ave., ein gewaltiges Angebot an Konfektionskleidung zu zivilen Preisen.
Saks Fifth Avenue, 611 Fifth Ave., von Designermode bis zu Normalkleidung alles, was das modebewusste Herz begehrt.
Bloomingdale's, 1000 Third Ave., traditionsreiches Kaufhaus aus dem Jahr 1872, in dem man sich an einen orientalischen Basar erinnert fühlt.
Trump Tower, Fifth Ave. und 56th St., exklusive Boutiquen und Spezialitätengeschäfte um eine Lobby aus rötlichem Marmor mit einem 25 Meter hohen Wasserfall.
United Nations Gift Center, 46th St. und First Ave., Kunsthandwerk aus allen Teilen der Welt.

erinnert der Franklin Court an den Staatsmann, Erfinder, Schriftsteller, Diplomaten und Wissenschaftler Benjamin Franklin (1706–1790), der Philadelphia wie kaum ein anderer geprägt hatte. Weiterer Publikumsmagnet in der Stadt ist Penn's Landing am Ufer des breiten Delaware River. Wo heute schwimmende Oldtimer und ein U-Boot vor Anker liegen, ging 1682 der Stadtgründer William Penn an Land.

Washington, D. C.
Schaustück der US-Hauptstadt ist die National Mall, eine drei Kilometer lange Grünfläche, die sich vom State Capitol bis ans Ufer des Potomac erstreckt und an der die berühmtesten Denkmäler und Museen der Stadt liegen. Der Obelisk des Washington Monument erinnert an den ersten US-Präsidenten. Das gewaltige Lincoln Memorial ist eine würdige Hommage an Abraham Lincoln (1809–1865), der die Sklaverei abschaffte, das Jefferson Memorial ist dem dritten US-Präsidenten Thomas Jefferson (1743–1826) gewidmet. Folgende Museen liegen an der Mall: das National Air and Space Museum, das Hirshhorn Museum and Sculpture Garden, die Freer Gallery of Art, die Arthur M. Sackler Gallery, das National Museum of African Art, das US Holocaust Memorial Museum, das National Museum of American History, das National Museum of Natural History und die National Gallery of Art. Vom Kapitol führt die Pennsylvania Avenue zum Weißen Haus, dem Amts- und Wohnsitz des US-Präsidenten. Der ehemalige Vorort Georgetown am Ufer des Potomac ist vor allem als Einkaufs- und Vergnügungsviertel für Gutbetuchte berühmt geworden.

Kennedy Space Center
Die im Visitor Center Spaceport USA gezeigten Filme »Der Traum lebt« und »Mission zur Mir« stimmen auf den Besuch im Weltraumbahnhof ein. Anschließend werden zwei verschiedene Touren durch das NASA-Gelände angeboten. Auf der »Roten Tour« sieht man verschiedene Bereiche des Kennedy Space Center wie eine Montagehalle für Raumfähren und Trägerraketen, das Flight Crew Training Building und die Abschussrampen im Launch Complex 39, wo Neil A. Armstrong und Edwin E. Aldrin am 16. Juli 1969 zu ihrer historischen Reise zum Mond starteten. Die »Blaue Tour« führt durch die Cape Canaveral Air Force Station, die vor allem für militärische Programme der NASA genutzt wird.

ON THE ROAD
Die Route entlang der Ostküste steht zwar im Zeichen der Atlantiknähe, doch nicht überall kommen Schwimmer auf ihre Kosten. Die Küsten Neuenglands eignen sich nur für abgehärtete Urlauber, da die Wassertemperatur selbst im Hochsommer kaum über die 20-Grad-Marke klettert. Je weiter man nach Süden fährt, umso angenehmer wird ein Bad in den Fluten. Auf den südlichen Florida Keys kann man in der warmen Jahreszeit mit 28 Grad Celsius rechnen.

Entfernungen

km	Boston	3762
	645 km	
645	New York City	3117
	139 km	
784	Philadelphia	2978
	147 km	
931	Baltimore	2831
	87 km	
1018	Washington, D. C.	2744
	384 km	
1402	Norfolk	2360
	1080 km	
2482	Charleston	1280
	601 km	
3083	Orlando	679
	387 km	
3470	Miami	292
	292 km	
3762	Key West	km

Meistens belebt: Daytona Beach. oben
Vor den Küsten Floridas leben noch Manatis (Seekühe). unten

Route **3**

Von New York nach San Francisco

Von der Freiheitsstatue zur Golden Gate Bridge: Der legendäre Trip von New York zum Pazifik bietet nicht nur 5000 Kilometer Fahrerlebnis, sondern gewährt auch einen hervorragenden Einblick in die Geschichte und Kultur der amerikanischen Nation.

Pulsierende Metropole New York: Blick vom Empire State Building auf das nächtlich erleuchtete Manhattan.

Auf den Spuren der Pioniere

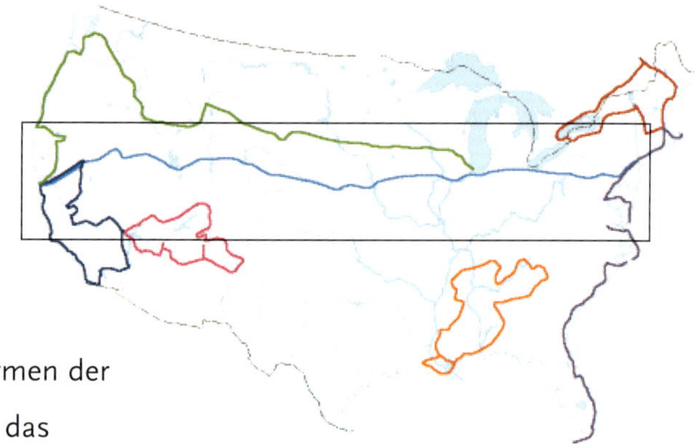

Liebevoll restaurierte historische Forts und die idyllischen Farmen der Amish People, die verschlafenen Kleinstädte der Provinz und das brodelnde Leben der betriebsamen Metropolen: Wer auf der Tour »from coast to coast« die riesigen Distanzen des gewaltigen Landes »erfahren« hat, wird die amerikanische Kultur und auch den vielzitierten American Way of Life verstehen lernen.

Auch die Siegerinnen eines Schönheitswettbewerbs nehmen an der fröhlichen Parade teil. Die alljährlich im Juli in Cheyenne, Wyoming, veranstalteten Frontier Days sind das größte Western-Festival der USA.

Der einfachste Weg von der Wolkenkratzerinsel *Manhattan* (siehe Seite 47f.) auf die Route zum Pazifik führt durch den gebührenpflichtigen Holland Tunnel. Im Jahr 1927 als erster Unterwasser-Autotunnel der Welt eröffnet, führt er 30 Meter unter dem Bett des Hudson River nach New Jersey hinüber. Den riesigen Ballungsraum um die Städte New York, Jersey City und Newark verlässt man erst, wenn man auf der Straße 1 den Häuserteppich von Elizabeth hinter sich gelassen hat und sich der berühmten Universitätsstadt *Princeton* nähert. In dem ältesten Gebäude des ehrwürdigen Campus, der Nassau Hall, trat 1783 der Kontinentalkongress zusammen, nachdem die Abgeordneten von meuternden Soldaten aus Philadelphia vertrieben worden waren. Zu den traditionsreichen universitären Einrichtungen gehört das Institute for Advanced Study, an dem der Physiker Albert Einstein (1879–1955) während seiner letzten Lebensjahre gearbeitet hatte.

Quer durch Pennsylvania. Im Tal des breit dahinfließenden Delaware River führt die Route über *Philadelphia* (siehe Seite 48) zunächst durch das etwa 80 Kilometer lange Brandywine Valley. Je weiter man sich auf der Straße 30 der Landgemeinde *Lancaster* nähert, desto häufiger sieht man die weiß getünchten Farmgebäude der Amish People in der sanft gewellten Landschaft liegen. Die Vorfahren dieser Glaubensgemeinschaft waren im frühen 18. Jahrhundert vor allem aus der deutschsprachigen Schweiz, aus dem Elsass und aus der Pfalz ausgewandert, um in der Neuen Welt frei von Verfolgung nach ihren Glaubensgrundsätzen leben zu können. Die Amish haben sich völlig dem einfachen Landleben verschrieben: Sie verzichten auf elektrischen Strom und benutzen statt Autos altmodische Pferdekarren. Ihre Felder beackern sie nicht mit Traktoren, sondern mit echten Pferdestärken und statt Reißverschlüsse nähen sie in ihre Kleider Haken und Ösen ein.

Weit bekannter als das Land der Amish People ist unter den Amerikanern die Landgemeinde *Gettysburg*, in der sich Straßen aus allen Himmelsrichtungen kreuzen. Diese profane Tatsache verlieh dem Ort im Bürgerkrieg eine so große strategische Bedeutung, dass dort eine der blutigsten Schlachten zwischen Nord- und Südstaaten geschlagen wurde.

Die Interstate 70 führt nach *Pittsburgh*, der größten Stadt im westlichen Pennsylvania. Nachdem dort in der zweiten Hälfte des 18. Jahrhunderts riesige Kohlelagerstätten entdeckt worden waren, hatte sich der Ort im 19. Jahrhundert zu einem der landes-

Der Highway 50, »die einsamste Straße Amerikas« – im Staat Nevada trifft diese Bezeichnung ohne Zweifel zu.

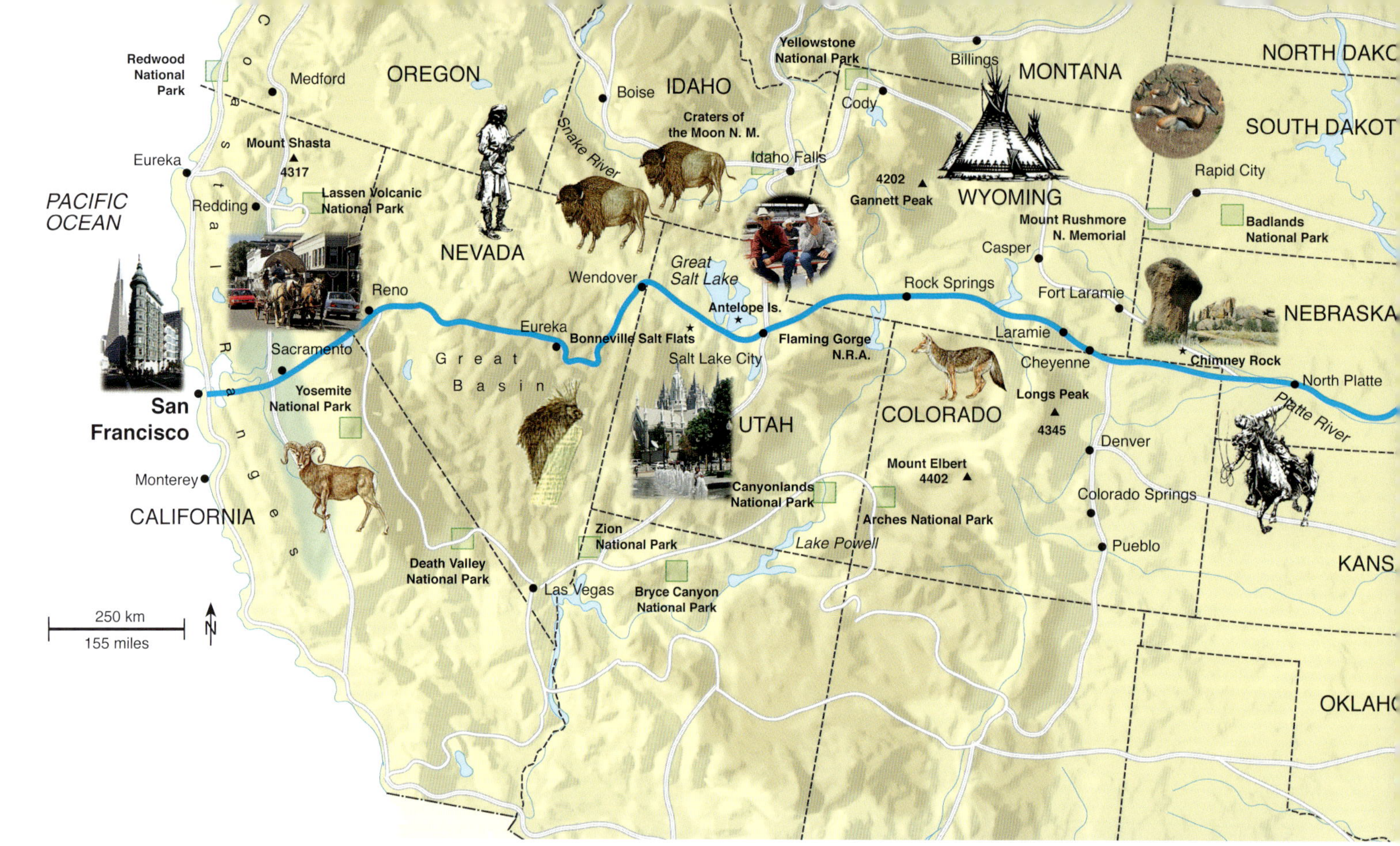

Die einstige Goldgräberstadt Reno ist heute als Glücksspielparadies bekannt. oben
Die berühmten »Six Sisters«, sechs viktorianische Häuser, am Alamo Square vor der Skyline von San Francisco. rechts

weit bedeutendsten Standorte der Eisen- und Stahlindustrie entwickelt. Nach der Schließung der meisten Schwerindustriebetriebe zeigt sich Pittsburgh heute wieder als eine Schönheit. Vor allem bei Sonnenuntergang wird die Grand Avenue hoch über dem Südufer des Monongahela River, die einen Blick auf das moderne Stadtzentrum bietet, zu einer grandiosen Schaumeile.

Ein Abstecher nach Chicago. Über die am Ufer des Lake Erie gelegenen Städte *Cleveland*, *Sandusky* und *Toledo* strebt die Straße

dem nächsten großen Gewässer, dem Lake Michigan, zu. An der äußersten Südspitze dieses Sees, die bereits zu Indiana gehört, beeindrucken die *Indiana Dunes*, eine Dünenlandschaft, die sich über 30 Kilometer ausdehnt. Bei klarem Wetter sind am nordwestlichen Horizont über der graugrünen Wasserfläche des Sees die Wolkenkratzer *Chicagos* zu erkennen. Einen Abstecher in die drittgrößte Metropole Amerikas sollte man auf keinen Fall versäumen (siehe Seite 114).

Sanfte Hügel, zwischen denen kleine Farmen liegen: typische Landschaft im Mittelwesten. links
Am letzten Sonntag im Juni findet in New York die große Lesbian & Gay Pride Parade statt. oben

Nostalgische Tankstelle in Winterset, Iowa. Vor allem für Western-Fans ist der Abstecher zum Geburtsort John Waynes ein Muss.

Der »Brotkorb Amerikas«. Im Westen von Chicago erstrecken sich von Illinois bis zum Mississippi größtenteils flache Agrarlandschaften. Jenseits des »Ol' Man River« beginnt der Bundesstaat Iowa, der mit seinen riesigen monotonen Getreideflächen zum so genannten »corn belt« gehört. »Stellen Sie sich irgendwo in Iowa auf zwei Telefonbücher und Sie haben eine gute Aussicht.« So charakterisierte der Schriftsteller Bill Bryson seinen Heimatstaat, der gern auch »Brotkorb Amerikas« genannt wird. Bei der Fahrt entlang der I 80 bietet sich ein Stopp in *Iowa City* an. Das prunkvolle Old Capitol erinnert daran, dass es die erste Hauptstadt des Staates Iowa war. Die heutige Hauptstadt *Des Moines* liegt am Zusammenfluss des Des Moines und des Racoon River, wo 1843 zum Schutz der Siedler ein Fort errichtet wurde. Auch der fruchtbare Osten des Nachbarstaats Nebraska, den man mit der Stadt *Omaha* erreicht, ist völlig eben. Auf der Höhe von Grand Island erreicht die I 80 das Tal des Platte River. Schon die in die Rocky Mountains ziehenden Pelztierjäger des frühen 19. Jahrhunderts waren diesem Fluss nach Westen gefolgt. Auf derselben Route – heute durch die Schnellstraße über Kearney und Gothenburg erschlossen – traten später Missionare in die Fußstapfen der Trapper. Den Patres wiederum folgten im Zuge der »Go West«-Bewegung die Trecks der Siedler und Goldsucher, die sich am fernen Pazifik ein besseres und glücklicheres Leben erhofften. In *North Platte* lädt der Buffalo Bill State Historical Park, eine Gedenkstätte für den Westernhelden, der hier eine Zeit lang gelebt hatte, zu einem Besuch ein.

Bei North Platte gabelt sich der Fluss in einen südlichen und einen nördlichen Arm. Die Interstate 80 verläuft zwischen den beiden Flusstälern, führt in den Staat Wyoming und direkt auf seine Hauptstadt *Cheyenne* zu. Die nach einem einst hier lebenden Stamm der Plains-Indianer benannte Stadt macht trotz ihrer 50 000 Einwohner einen sehr ländlichen Eindruck. Die Weideflächen reichen bis

unmittelbar an den Stadtrand heran und in den Straßen ist die Cowboykultur mit ihren Accessoires – vom breitkrempigen Stetson bis zu den hochhackigen Reitstiefeln – unübersehbar präsent.
Westlich von Cheyenne dehnt sich an der I 80 entlang eine sanft gewellte Graslandschaft aus.
Über Rock Springs nähert sich die Straße dem Green River, der durch einen mächtigen Damm südlich der gleichnamigen Stadt aufgestaut wird. Zwischen den rotbraunen Flanken einer Schlucht breitet sich in der *Flaming Gorge National Recreation Area* ein dunkelblauer Stausee mit vielen Buchten und Seitenarmen aus, der im äußersten Süden das Staatsgebiet Utahs erreicht. Dort steigt das Terrain auf die über 4000 Meter hohen Kammlagen der Uinta Mountains an. Fortsetzung Seite 72

Nach einer Sanierung in den 1980er Jahren präsentiert sich das Gelände der Flats, ehemaliger Lagerhallen und Werftanlagen in Cleveland, Ohio, in neuem Glanz. oben
Blick vom Mount Washington auf das Goldene Dreieck, den Zusammenfluss von Allegheny und Monongahela River in Pittsburgh. links

Auf dem Oregon Trail nach Westen

Angelockt durch Geschichten, Legenden und Berichte über ein sagenhaftes Schlaraffenland voll von Goldschätzen und natürlichen Reichtümern zogen seit den vierziger Jahren des 19. Jahrhunderts über 350 000 Pioniere auf dem berühmten Oregon Trail nach Westen. Die längst mythisch verklärte »Go West«-Bewegung auf diesem Pfad hielt bis ins Jahr 1869 an – bis die transkontinentale Eisenbahn fertig gestellt war und ein erheblich leichteres Reisen in den »Gelobten Westen« möglich machte.
Viele Pioniere nahmen auf die lange Reise ins Ungewisse nur das mit, was sie auf ihrem Reitpferd mit sich führen konnten, denn ein Planwagen war für die meisten »Auswanderer« unerschwinglich. Normalerweise rechnete man mit einer Reisedauer von etwa sechs Monaten. Man musste rechtzeitig aufbrechen, um noch vor Wintereinbruch die Gebirge im Westen überqueren zu können. Vorher waren allerdings die im Sommer glutheißen Great Plains zu bewältigen.
Hollywood-Western schüren den Glauben, dass den Pionieren auf dem Oregon Trail die größte Gefahr von feindlichen Indianern drohte. Die Wirklichkeit sah jedoch anders aus. Die meisten Opfer forderte die durch verunreinigtes Wasser übertragene Cholera. Indianerüberfälle nahmen erst in den sechziger Jahren des 19. Jahrhunderts zu, als bereits sehr viel weniger Trecks auf dem Trail unterwegs waren.
Der Weg nach Westen begann für die meisten der aus Ochsengespannen und Planwagen bestehenden Trecks in der Gegend von Independence, Missouri. Die Ausstellungen des National Frontier Trails

Ein Treck gen Westen, heute oft romantisch verklärt, war mühsam und gefährlich. oben und rechts
Von South Pass City aus bietet sich ein Ausflug zur Goldgräberstadt Atlantic City – im Bild der Saloon – an. Mitte
Unterwegs über den South Pass. unten

Routenalternativen zum Oregon Trail
Der Oregon Trail war keineswegs die einzige Route, auf der die Siedler zur Zeit der großen Westwärtsbewegung der Pazifikküste entgegenzogen. Südlich des Oregon Trail verlief auf einer Trasse, der heute in etwa die Interstate 80 folgt, der Overland Trail, der vor allem auf dem Staatsgebiet von Wyoming die kürzere Verbindung darstellte und aus diesem Grund auch von den Reitern des Pony Express bevorzugt wurde.
Der Mormon Trail folgte dem Oregon Trail bis nach South Pass City in Wyoming, um dort nach Süden über Fort Bridger in Richtung Salt Lake City abzubiegen.
Der California Trail wurde seit dem Ausbruch des kalifornischen Goldrauschs 1849 stark frequentiert. Er zweigte südlich von Idaho Falls bei Fort Hall vom Oregon Trail ab, zog sich durch das nordöstliche Nevada bis ins Tal des Humboldt River, durch das heute die Interstate 80 führt. Nördlich oder südlich des Lake Tahoe führte der Trail schließlich durch die Sierra Nevada und in die Goldfelder an der Westflanke des Gebirges.

Der Chimney Rock, wichtiger Orientierungspunkt für die Pioniere. oben
Atlantic City ist heute eine idyllische Geisterstadt. unten

Center in diesem Ort machen deutlich, dass es sich beim Oregon Trail um keine genau definierte Strecke, sondern um mehrere Zuwandererwege handelte. Grob gesehen verlief der Trail über Alcove Spring in Kansas und Fort Kearny quer durch Nebraska zum Chimney Rock östlich von Scottsbluff.
Als die »Go West«-Bewegung um die Mitte des 19. Jahrhunderts stärker wurde, sah sich die Regierung genötigt, zum Schutz der Siedler und als Zeichen der amerikanischen Gebietsansprüche mehrere Forts, wie etwa das Fort McPherson östlich von North Platte in Nebraska, zu errichten. Einen Besuch lohnt vor allem das renovierte und teilweise rekonstruierte Fort Laramie im östlichen Wyoming. Über Casper und Muddy Gap erreichte der Trail in South Pass City südlich von Lander die günstigste Passage durch die Rocky Mountains auf einer Höhe von nur 2300 Metern. Heute erinnern die windschiefen Gebäude einer Geisterstadt an die alten Zeiten. Dann führte der Trail im Tal des Snake River durch Idaho, um über Baker City und Pendleton schließlich den Columbia River und damit den letzten Streckenabschnitt auf dem Weg ins Willamette Valley südlich von Portland zu erreichen. Dort endete für viele die an Abenteuern nicht zu überbietende 3200 Kilometer lange Reise quer durch den amerikanischen Kontinent.

Abendstimmung an der Interstate 80 bei Rawlins, südliches Wyoming.

Auch wenn Pick-up-Trucks zum Arbeitsalltag gehören – der Mythos Cowboy ist ungebrochen. Mitte und unten

Frontier Days in Cheyenne: Wyomings Cowboytradition lebt. oben

Im Land der Mormonen. Die erste Großstadt nach Omaha auf dem weiteren Weg nach Westen ist *Salt Lake City*, die Hauptstadt des Bundesstaats Utah und das Weltzentrum der »Kirche Jesu Christi der Heiligen der Letzten Tage«, deren Anhänger besser als Mormonen bekannt sind. Die 1830 gegründete Glaubensgemeinschaft beruft sich auf Offenbarungen des Amerikaners Joseph Smith und versteht sich nicht als Teil der abendländischen Christenheit, sondern als Anhänger einer von Christus in den USA gegründeten Kirche. Die Straßen der Stadt wurden bereits Ende des 19. Jahrhunderts so breit angelegt, dass ein Ochsengespann mühelos wenden konnte. Diese großzügige Planung hat sich im Jahr 2002 als Vorteil erwiesen, als Zehntausende zu den Olympischen Winterspielen anreisten.

Gut 30 Kilometer westlich des Stadtzentrums schlägt die I-80 einen Bogen um das südliche Ufer des *Great Salt Lake*. Das riesige, flache und nach dem Roten Meer salzigste Gewässer der Erde ist das Überbleibsel des prähistorischen Lake Bonneville, der vor rund 20 000 Jahren weite Teile des Großen Beckens bedeckte. Ohne eine einzige Kurve zieht sich die Autobahn durch die Einöde des westlichen Utah.

Wenige Kilometer vor der Grenze zu Nevada liegt ein Aussichtspunkt mit Blick auf die *Bonneville Salt Flats*, eine absolut flache Salzwüste, in der einst mit Rennwagen aller Art immer neue Geschwindigkeitsweltrekorde aufgestellt wurden.

Schlussetappe durch die Einsamkeit. Die bunten Casinopaläste der Ortschaft *Wendover*, die sich wie Märchenburgen in der gleißenden Wüste erheben, signalisieren, dass man die Grenze zwischen dem Reich der Mormonen und dem Imperium des Glücksspiels hinter sich gelassen hat. Egal, von woher man nach Nevada kommt – die ersten Spieltische sind nie fern.

Die schnellste Verbindung quer durch Nevada ist die I 80 über Battle Mountain und Winnemucca nach *Reno*. Eine interes-

sante Alternative zu dieser Strecke bildet die Straße Alt 93 bzw. 93 nach Ely und von dort aus der *Highway* 50 bis Reno, der in den letzten Jahren unter dem Beinamen »The Loneliest Road in America« auf sich aufmerksam machte. Tatsächlich ist die Strecke über Eureka und Austin ein Abenteuer der besonderen Art: Es kann schon einmal eine halbe Stunde vergehen, bis man auf Gegenverkehr trifft. Nach der Fahrt durch das fast menschenleere Große Becken lässt sich das Zurück-in-der-Zivilisation-Erlebnis, das man aus den Berichten der frühen Entdecker kennt, im Glücksspielparadies *Reno* durchaus nachvollziehen. Westlich der Stadt baut sich mit der gewaltigen Sierra Nevada ein Gebirge auf, das im Zeitalter des Automobils seine Schrecken als Verkehrshindernis größtenteils verloren hat. Höchstens im tiefen Winter kann es sein, dass die I 80 durch ausgiebige Schneefälle kurzfristig blockiert wird.

Über Kaliforniens Hauptstadt Sacramento im Central Valley erreicht die Route bei Vallejo die Bucht von San Francisco. Vorbei an der Mündung des Sacramento River in die San Pablo Bay geht es auf der letzten Wegstrecke durch die Universitätsstadt Berkeley ins traditionelle Industrie- und Werftenrevier Oakland. Von der Bay Bridge aus bietet sich schließlich ein grandioser Blick auf das Stadtzentrum von *San Francisco* um die berühmte Transamerica Pyramid, die neben der Golden Gate Bridge längst zum zweiten Wahrzeichen der Traumstadt am »Goldenen Tor« wurde (siehe Seite 119).

Über einen Damm erreicht man die im Great Salt Lake, Utah, gelegene Insel Antelope Island. links
Die Transamerica Pyramid in San Francisco. Die Traumstadt am Pazifik bildet den glanzvollen Endpunkt der Route. oben
Vom State Capitol Hill genießt man einen schönen Blick über Des Moines, die Hauptstadt von Iowa. unten

Planen und erleben ...

Fruchtbare Lössböden kennzeichnen den Süden und Osten Nebraskas. oben
Liebevoll restauriert: die Geschäftsstraße in Old Sacramento. Mitte
Das Einkaufszentrum The Arcade in Cleveland. unten
Regionale Indianerstämme auf den Frontier Days. rechts

DIE HIGHLIGHTS

Lancaster

Das 55 000 Einwohner große Städtchen liegt im Zentrum des Pennsylvania Dutch Country, in dem heute etwa 17 000 Amish People leben. Mehrere Unternehmen bieten Touren durch diesen malerischen Landstrich an. Als originales Amish-Gehöft kann The Amish Farm and House etwa acht Kilometer östlich der Landgemeinde an der Straße 30 besichtigt werden. Einen nostalgischen Einblick in das Pionierleben gibt das Landis Valley Museum an der Straße 272.

Pittsburgh

Berühmtester Sohn der Stadt ist der Pop-Art-Künstler Andy Warhol, dem Pittsburgh ein 1994 eröffnetes, eigenes Museum in einem restaurierten Lagerhaus widmet. Interessante Ausstellungen bieten das Carnegie Museum of Art mit Malerei aus dem 19. und 20. Jahrhundert, das Carnegie Museum of Natural History und das Carnegie Science Center mit Laser-Shows und einem Planetarium. Stilvoll können die Studenten der nahe gelegenen University of Pittsburgh in der 1935 entstandenen neugotischen »Cathedral of Learning« pauken, die einer alten Kirche ähnelt.

Cleveland

Die Stadt ist vom Grüngürtel der so genannten Metroparks umgeben, die aus 14 einzelnen, durch Wege miteinander verbundenen Parks bestehen. Sie besitzt bedeutende Museen wie etwa das Cleveland Museum of Art, das Cleveland Museum of Natural History, das Health Museum und die Western Reserve Historical Society. »Aushängeschild« im Bereich der klassischen Musik ist das weltbekannte Cleveland Orchestra, das von September bis Mai in der Severance Hall zu hören ist. Auch durch zahlreiche weitere kulturelle Einrichtungen wie das Great Lakes Science Center, das im Südwesten der Stadt gelegene NASA Lewis Research Center und die Rock 'n' Roll Hall of Fame macht die Industriestadt am Lake Erie heute von sich reden.

Omaha

Auch Nebraskas größte Stadt kann mit mehreren interessanten Museen aufwarten: Das in einem Art-déco-Gebäude untergebrachte Joslyn Art Museum konzentriert sich auf europäische und amerikanische Werke des 19. und 20. Jahrhunderts. Im Western Heritage Museum, das im ehemaligen Bahnhof Union Station untergebracht ist, können sich Besucher ein anschauliches Bild von den Pionierzeiten in der Prärie machen. Der Omaha's Henry Doorly Zoo lohnt nicht nur für Kinder einen Besuch.

Salt Lake City

Im Stadtzentrum liegt der Temple Square mit dem großen, nur für Mormonen zugänglichen Tempel, auf dessen 84 Meter hohen Hauptturm eine vier Meter hohe Skulptur des Engelsboten Moroni steht. Große Popularität besitzt das mit einer aus 11 000 Pfeifen bestehenden Orgel ausgestattete Tabernacle, eine Halle mit freitragendem Dach, aus der seit 1929 die Konzerte des Mormonenchors im Radio übertragen werden. Auch die Assembly Hall und zwei Besucherzentren befinden sich auf dem Platz. Das benachbarte Joseph Smith Memorial Building besitzt eine grandios ausgestattete Lobby. Zu den ältes-

Wo der Wilde Westen lebendig ist

Zu den großen Westernfestivals zählen die Frontier Days, die jährlich Ende Juli in Cheyenne, Wyoming, stattfinden. Eine gute Woche lang herrscht dann vor Ort eine Art Ausnahmezustand, wenn hochdotierte Rodeo-Wettbewerbe, kulturelle Veranstaltungen und Paraden die Schläfrigkeit des Provinzlebens unterbrechen. In North Platte, Nebraska, treffen sich beim vier Tage dauernden Buffalo Bill Rodeo im Juni die besten Rodeo-Reiter aus ganz Nordamerika. Zu diesem Großereignis reisen Schaulustige aus vielen Landesteilen an. In Laramie, Wyoming, werden die Laramie Jubilee Days traditionell in Verbindung mit dem Nationalfeiertag am 4. Juli gefeiert. Neben Rodeos finden kunsthandwerkliche Ausstellungen, Tänze und Paraden statt. Im Juli steht Cody, Wyoming, ganz im Zeichen des Frontier Festivals – mit Wettbewerben etwa im Hufeisenwerfen und Packpferdrennen und dem Plains Indian Pow Wow, an dem viele indianische Abordnungen und Stämme beteiligt sind.

ten Gebäuden der Stadt gehören das Lion und das Beehive House, beide Teile des ehemaligen Privatbesitzes des Kirchenführers Brigham Young. Das Kapitol auf einem Hügel am Nordrand der Stadt zählt zu den schönsten Parlamentssitzen der USA. Mit Blick auf die Olympischen Winterspiele 2002 wurde der Salt Lake Palace mit dem Visitor Center völlig umgestaltet, weil dort das Pressezentrum eingerichtet wurde. Unter den Kulturtempeln nimmt die Maurice Abravanel Concert Hall, in der das Utah Symphony Orchestra zu Hause ist, mit ihrer hervorragenden Akustik einen besonderen Platz ein.

Wendover

Im Bonneville Speedway Museum (950 State Highway) sind viele Rennwagen und andere Exponate zu besichtigen, die an jene Zeiten erinnern, als auf den Bonneville Salt Flats im Osten der Stadt, dem flachen, widerstandslosen Boden der Salzwüste, noch am laufenden Band mit den schnellsten Autos der Welt Geschwindigkeitsweltrekorde aufgestellt wurden.

ON THE ROAD

Eine Reise in Ost-West-Richtung durch den amerikanischen Kontinent führt über drei Gebirgszüge. Am niedrigsten sind die Appalachen im Osten. Die Überquerung der Rocky Mountains im Herzen der USA und der Sierra Nevada in Kalifornien kann im Winter an Tagen mit starken Schneefällen problematisch werden. Auf der langen Reise von der Ost- zur Westküste durchquert man vier Zeitzonen: Eastern Time, Central Time, Mountain Time und Pacific Time. Selbst eilige Reisende, die auf einzelne Sehenswürdigkeiten oder Städte nicht allzu viel Zeit verwenden und ihren Spaß eher im Fahrerlebnis suchen, sollten sich für die Reise quer durch den Kontinent mindestens 18 Tage Zeit nehmen.

Souvenirs

Ein typisches Mitbringsel aus den USA und eine Erinnerung an das »Abenteuer Highway« gleichermaßen sind für viele Besucher amerikanische Autokennzeichen, die in großer Auswahl in einschlägigen Touristengeschäften verkauft werden. Jeder US-Bundesstaat präsentiert sich auf den Schildern mit einem bestimmten Motto und häufig auch mit einem Symbol wie etwa Wyoming mit einem Cowboy auf einem bockenden Wildpferd.

Reisezeit Hochsommer

Eine Reise von der Atlantikküste an den Pazifik legt man aus zwei Gründen am besten auf die Sommermonate. Von Juli bis September ist das Wetter, nicht zuletzt auch in den Rocky Mountains, überwiegend stabil, von gelegentlichen Gewittern einmal abgesehen. Darüber hinaus finden in der Hauptsaison in zahlreichen Bundesstaaten große Westernfestivals, Rodeo-Wettbewerbe und indianische Pow Wows statt, die zum Interessantesten gehören, was man auf dieser Route erleben kann.

Entfernungen

km		
km	**New York City**	5045
	147 km	
147	**Philadelphia**	4898
	101 km	
248	**Lancaster**	4797
	368 km	
616	**Pittsburgh**	4429
	203 km	
819	**Cleveland**	4226
	541 km	
1360	**Chicago**	3685
	517 km	
1877	**Des Moines**	3168
	211 km	
2088	**Omaha**	2957
	797 km	
2885	**Cheyenne**	2160
	894 km	
3779	**Salt Lake City**	1266
	906 km	
4685	**Reno**	360
	306 km	
5045	**San Francisco**	km

Vom Sears Tower blickt man über die Wolkenkratzerschluchten Chicagos. links oben
Im Zentrum von Pittsburgh. unten

Route **4**

Rundkurs durch den tiefen Süden

Von der dynamischen Metropole Atlanta durch die »Musikstädte« Nashville und Memphis und am Mississippi entlang bis ins quirlige New Orleans – auf dieser Tour kann man den unverwechselbaren Charme der Südstaaten kennen lernen.

Mississippi-Romantik in Natchez. Die nostalgischen Schaufelraddampfer gelten als eines der Wahrzeichen des tiefen Südens.

Das heiße Herz Amerikas

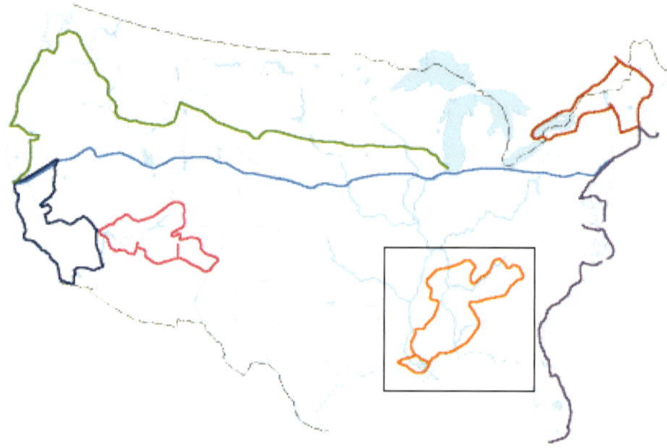

Der mächtige Mississippi wälzt sich träge durch die fruchtbare Ebene, riesige Baumwoll- und Zuckerrohrplantagen mit ihren stolzen Herrenhäusern erinnern an die goldenen Zeiten des tiefen Südens, die Sümpfe und Sandstrände am Golf von Mexiko laden zur Entdeckung ein. Und den Besuch von Nashville, Memphis und New Orleans dürfen sich Musikfans nicht entgehen lassen.

Überall im Mississippi-Delta werden fangfrische Krabben zum Kauf angeboten. Auf einer Fahrt entlang der Golfküste sollte man die köstlichen Krabben-, Krebs- und Fischgerichte probieren, für die die Küche Louisianas bekannt ist.

Schon bald nachdem in *Atlanta* der internationale Medienrummel im Zuge der Olympischen Sommerspiele 1996 abgeflaut war, verschwand die Hauptstadt des Bundesstaats Georgia wieder aus den Schlagzeilen der Weltpresse. Zwar hat sie sich in den zurückliegenden zwei Jahrzehnten einen Namen als neues, aufstrebendes Zentrum der amerikanischen Südstaaten gemacht und beachtliche wirtschaftliche Dynamik bewiesen. Aber gerade die sehr geschäftsbetonte Atmosphäre verhinderte bislang, dass Atlanta den sehenswerten großen Metropolen der Ostküste zugerechnet wird. Dazu besitzt die Stadt, vom Geburtshaus und dem Sarkophag des Bürgerrechtlers Martin Luther King (1929–1968) und dem Grab der »Vom Winde verweht«-Autorin Margaret Mitchell (1900–1949) abgesehen, zu wenig sichtbare Vergangenheit. Im amerikanischen Bürgerkrieg bildete sie für die Konföderierten eine wichtige Produktions- und Lagerstätte von Munition, ein Grund für den Nordstaatengeneral Sherman, sie bei seinem Angriff 1864 in Schutt und Asche zu legen. Die fehlende Patina macht Atlanta durch ausgeprägten Geschäftssinn wett. Im von Wolkenkratzern geprägten Zentrum der rund 400 000 Einwohner zählenden Stadt schlugen in den zurückliegenden Jahrzehnten Dutzende großer Firmen von Coca-Cola bis Delta Airlines ihre Hauptquartiere auf, während der Medienmogul Ted Turner vor Ort sein TV-Netzwerk CNN zu einem Mattscheibengiganten ausbaute. Nordöstlich von Atlanta tasten sich die Ausläufer der Appalachen in den alten Süden vor. Auf einem Abstecher nach North Carolina und Tennessee, in der Ortschaft *Cherokee* und der dort liegenden Reservation, können Reisende die Kultur derjenigen Indianer kennen lernen, deren Vorfahren 1838 von der US-Armee aus Georgia vertrieben wurden. Außerdem bietet sich der *Great Smoky Mountains National Park* mit seinen zahlreichen Wanderpfaden für einen Tagesausflug an. Dass das Naturschutzgebiet zu den am häufigsten besuchten im Osten der USA zählt, wird in *Gatlinburg* und *Pigeon Forge* deutlich. Dort ballen sich Hotel- und Motelburgen in nächster Nähe von Vergnügungsparks und Fabrikverkaufsstellen (Factory Outlets) zu einem touristischen Brennpunkt.

Mit Dampfkraft und Düsenantrieb. *Knoxville* ist die größte Stadt im östlichen Tennessee. Sie liegt am Ufer des Tennessee River, der an der nordwestlichen Flanke der Appalachen eine Verbindung zur Stadt *Chattanooga* herstellt. Ihr Name wurde durch den populären Song »Chattanooga

Prachtvolle Villen säumen die St. Charles Avenue im Garden District von New Orleans. Hier scheint die Zeit stehen geblieben zu sein.

Choo-Choo« in aller Welt bekannt. Die Noten sind in den Bodenplatten am Ufer des Tennessee River in der Nähe des Tennessee Aquarium verewigt. Auch die kleine Bimmelbahn, der das Lied gewidmet ist, gibt es noch.
Sie steht im Originalbahnhof Southern Railroad Terminal, der schon vor einigen Jahren in einen Hotel- und Restaurantkomplex umgewandelt wurde.
Während der »Chattanooga Choo-Choo« als nostalgisches Beispiel für Mechanik und Dampfkraft gilt, entstand in *Huntsville* im nördlichen Alabama unter der Ägide des Physikers Wernher von Braun (1912–1977) das U.S. Space & Rocket Center, in dem die Apollo-16-Raumkapsel, ein Gesteinsbrocken vom Mond, Astronautenanzüge, Trainingsapparaturen, Satelliten, Trägerraketen und auch ein Space Shuttle ausgestellt sind. Einer der Höhepunkte der Besichtigung ist die simulierte Reise durch den Orbit zum Jupiter.
Nördlich von Huntsville überquert die Straße 231/431 die Grenze zum Bundesstaat Tennessee. Abseits der Hauptstrecke führt das Städtchen *Lynchburg* in einer freundlichen Hügellandschaft ein beschauliches Dasein. Von anderen Landstädtchen vergleichbarer Größe unterscheidet es sich höchstens durch den zarten Whiskyduft, der an manchen Tagen über den Hausdächern hängt. Mitten im Ort steht mit der Jack Daniel's Distillery die berühmteste Whiskybrennerei Amerikas. Wie ein schlechter Witz wirkt da die Tatsache, dass das vor Ort gebrannte Elixier in Lynchburg nicht verkauft werden darf, weil der Landkreis, das Moore County, zu den »trockenen« Regionen gehört.

Streifzug durch die Musikgeschichte. Was Lynchburg für die Liebhaber hochprozentigen Feuerwassers bedeutet, ist *Nashville* für die Freunde amerikanischer Countrymusic. Schon in den 1920er Jahren wurden aus dem Ryman Auditorium in der Hauptstadt von Tennessee regelmäßig Radiokonzerte mit populären Interpreten dieser Musikrichtung übertragen. Daraus entstand in nachfolgenden Jahren eine Fernsehsendung, die sich zu einem beliebten TV-Renner entwickelte. Alles, was in der Volksmusik Rang und Namen hatte, tritt seit 1974

»Die Landschaft von New Orleans bis Cairo – zweihundert Meilen – ist abwechslungsreich und schön. Die Hügel trugen jetzt das frische Grün des Frühlings, für den breiten, zwischen ihnen dahinfließenden Strom ein anmutiger und trefflicher Rahmen.«

Mark Twain, Leben auf dem Mississippi, 1888

Der Lookout Mountain über der Stadt Chattanooga war 1863 Schauplatz einer Schlacht des amerikanischen Bürgerkriegs. oben
Kennzeichnend für die Plantagenvillen des Südens sind ihre ausladenden Veranden – hier auf der Rosedown Plantation. unten
Ihre herrliche Eichenallee hat die Oak Alley Plantation bei Vacherie berühmt gemacht. rechts

Den legendären Gemischtwarenladen von A. Schwab in der Beale Street von Memphis gibt es schon seit 1876. Die Einrichtung des originellen Geschäfts hat sich seit damals kaum verändert. oben

12 Jahre lang muss der weltberühmte Whisky reifen: die Jack Daniel's Distillery in Lynchburg. links

»The King of Rock 'n' Roll«: Elvis Presley (1935–1977) verbrachte die meiste Zeit seines Lebens in Memphis. oben

Johnny Cash entwickelte seinen eigenen, unverwechselbaren Stil. Sein Name ist eng mit Nashville, der Metropole der Countrymusic, verbunden. unten

in der Grand Ole Opry auf. Das Ryman Auditorium erlebt nach seiner umfassenden Renovierung nur noch gelegentlich Konzerte. Durch die Beliebtheit der Sendung mauserte sich Nashville zur »Music City USA«. Diese Reputation untermauerte die Stadt durch einschlägige Einrichtungen wie etwa die Country Music Hall of Fame. In dieser Ehrenhalle der großen Stars ist von Elvis Presleys goldenem Cadillac bis zum Dolly-Parton-Poster so ziemlich alles an Gegenständen aus dem Besitz berühmter Musiker versammelt, was Country-Fans interessieren könnte. Seit eh und je gibt es in der Stadt Dutzende von Aufnahmestudios, Musikkneipen und Clubs, in denen sich die Anfänger die ersten Meriten verdienen können.

Von Nashville sind es rund 340 Kilometer bis an das westliche Ende von Tennessee. Diese Strecke legt man am einfachsten auf der I 40 zurück, die fast ausschließlich durch ländliche Regionen führt.

Mit einem Anteil von 55 Prozent rangiert die am Mississippi gelegene Stadt *Memphis* auf Platz neun unter den US-Metropolen mit den größten afroamerikanischen Bevölkerungen. Ein Schwarzer war es auch, der 1909 den ersten Blues der Musikgeschichte komponierte. William C. Handy wurde dafür mit einem Denkmal im historischen Beale Street District geehrt. Dort gibt es heute noch zahlreiche Kneipen, die in den heißen Nächten seine Stücke spielen. Viel bekannter als Handy wurde aber ein anderer, der in Memphis die Geschichte des Rock 'n' Roll begründete: Elvis Presley. Memphis schrieb jedoch nicht nur Musikgeschichte, sondern spielte auch in der schwarzen Bürgerrechtsbewegung der 1950er und 1960er Jahre eine Rolle. Das National Civil Rights

Im Elvis Presley Automobile Museum in Graceland, dem Wohnsitz des Rock 'n' Roll-Stars, ist der luxuriöse Fuhrpark des Cadillac-Fans zu bewundern. links
Squaredance in der Grand Ole Opry. Bei einem Aufenthalt in Nashville sollte man es nicht versäumen, ein Konzert in der größten Showhalle der USA zu besuchen. oben

Museum wurde im ehemaligen »Lorraine Motel« eingerichtet, in dem Martin Luther King 1968 einem Anschlag zum Opfer fiel. Sein damaliges Zimmer wurde unverändert in die Ausstellung einbezogen. Am Geländer vor dem Fenster hängt ein Kranz zum letzten Abschied.

Auf des »Teufels Rückgrat«. Über das Landstädtchen Oxford, wo der Schriftsteller William Faulkner lange Zeit lebte und 1962 starb, erreicht man *Tupelo*. Auch diese Stadt ist in die Musikgeschichte eingegangen: Am 8. Januar 1935 kam hier Elvis Presley zur Welt, dem ein Museum gewidmet ist.
Bis nach Jackson verläuft mit dem Old Natchez Trace ein historischer Pfad, der offenbar schon vor Jahrhunderten von Indianern benutzt wurde. Bereits 1735 war er auf französischen Landkarten eingezeichnet. Bis ins 19. Jahrhundert ritten Flussschiffer, die ihre Waren über den Mississippi nach New Orleans gebracht hatten, auf diesem Weg nach Tennessee zurück. Die Gefahren, die durch Indianer, Banditen und wilde Tiere auf dieser Strecke lauerten, brachten ihr den Beinamen »Teufels Rückgrat« ein.
In *Jackson*, der Hauptstadt von Mississippi, leben zwar fast 200 000 Einwohner. Dennoch macht der größte Ballungsraum des Bundesstaats keinen sonderlich urbanen Eindruck. Das mag auch daran liegen, dass Mississippi zu den ärmsten US-Bundesstaaten zählt. Das Old Capitol aus dem Jahr 1838 diente bis 1903 als Sitz von Regierung und Parlament. In seinem reizvollen Inneren beherbergt der Bau das State Historical Museum mit Exponaten zur Geschichte des Bundesstaats. Die City Hall gehört zu den wenigen Gebäuden der Stadt, die den Sturmangriff General Shermans während des Bürgerkriegs überstanden. Auch das am Mississippi gelegene *Vicksburg* erlebte in der blutigen Auseinandersetzung zwischen Nord- und Südstaaten seine schwärzesten Stunden. Damals trug das Städtchen wegen seiner strategischen Bedeutung als Fortsetzung Seite 88

Das French Quarter von New Orleans: die Wiege des Jazz

Der Jazz wurzelt in den musikalischen Traditionen der schwarzen Bevölkerung Amerikas. Mit den Schiffsladungen voller Sklaven, die im 18. Jahrhundert in New Orleans ankamen, gelangte auch die traditionelle Musik Westafrikas in die Neue Welt. Daneben brachten auch die in Louisiana lebenden Europäer ihre Musik auf die eine oder andere Weise ein.

In der Zeit nach dem amerikanischen Bürgerkrieg bildeten sich in New Orleans in der Tradition der Militärkapellen stehende Marching Bands heraus, die ihre Instrumente häufig von ehemaligen Armeemusikern kauften und damit durch die Straßen zogen. Der erste Jazz, der diesen Namen tatsächlich verdient, tauchte in New Orleans um die Wende vom 19. zum 20. Jahrhundert auf. Der schwarze Musiker Buddy Bolden soll die erste Jazzband der Stadt geleitet haben, doch sind aus dieser frühen Ära keine musikalischen Dokumente überliefert. Erst im Jahr 1917 nahm eine Gruppe weißer Musiker unter dem Namen »The Original Dixieland Jazz Band« eine Platte auf, die sowohl in den USA als auch in Europa Begeisterung auslöste.

Die Bezeichnung Dixieland Jazz definierte in der nachfolgenden Zeit den von weißen Musikern gespielten typischen New-Orleans-Stil. Anfang der 1920er Jahre traten zwei neue Gruppen ins Rampenlicht, die weiße Band »New Orleans

Sie schrieben Jazz-Geschichte: Dizzie Gillespie (1917–1993; oben), B. B. King (geboren 1924; Mitte), Louis Armstrong (1901–1971; unten).

Tipps für Jazz-Freunde
Eine günstige Gelegenheit, in New Orleans guten Jazz zu hören, ist das Jazz Heritage Festival, das alljährlich im April und Mai stattfindet. Während der zehntägigen Großveranstaltung treten regelmäßig über 3000 Musiker und Interpreten in Kneipen, Clubs und auf offenen Bühnen auf, darunter häufig auch die alten und neuen Stars des Jazz. Was außerhalb dieser Zeit in den Traditionslokalen »Preservation Hall« und »Maison Bourbon« im French Quarter geboten wird, ist häufig kaum mehr als ein Touristenspektakel. Der echte, gute Jazz hat sich in unpopuläre und unsichere Stadtviertel und meist nur Insidern bekannte Lokale zurückgezogen. Empfehlenswerte Adressen sind etwa »Tyler's« (5234 Magazine Street), »Maxwell's Toulouse Cabaret« (615 Toulouse Street) und »Snug Harbor« (626 Frenchman Street).

Rhythm Kings« und die aus schwarzen Musikern bestehende »Creole Jazz Band« unter der Leitung von King Oliver. Letztere nahm nach 1923 eine Reihe von Platten auf, die den schwarzen, aus New Orleans kommenden Jazz stark prägten. Olivers zweiter Mann an der Trompete war kein Geringerer als Louis Armstrong, von seinen Fans auch »Old Satchmo« genannt, der zur wichtigsten und einflussreichsten Figur der Jazz-Geschichte werden sollte.
Louis Armstrong kam am 4. August 1901 in New Orleans zur Welt, wo heute ein an das French Quarter angrenzender Stadtpark seinen Namen trägt. Damit erschöpfen sich »Satchmos« Spuren im Süden der USA aber keineswegs. Der breiteren Öffentlichkeit war er als zur Clownerie neigender Musiker mit der charakteristischen Reibeisenstimme bekannt. Unter Kennern wurde er jedoch als bahnbrechender Virtuose geschätzt, der maßgeblich an der Entwicklung des Jazz von einer Variante der Volksmusik zu einer musikalischen Kunstform beitrug. Seine Art zu spielen wurde zum Standard der Zeit und Generationen von Nachfolgern ahmten seine unverwechselbare Stimme und seinen Scat-Gesang, das heißt die rhythmische Wiederholung von Wortsilben ohne Bedeutung, nach. Zu Louis Armstrongs großer Popularität trugen schließlich auch sein Humor und seine gute Laune bei, die er bei kaum einem Auftritt vermissen ließ.
Mit Rock, Pop, Soul, Rap und Reggae sind in New Orleans wie anderswo heute zwar viele andere Richtungen moderner Musik zu hören, doch wird in der Stadt am Mississippi-Ufer der Dixieland Jazz wie eh und je gespielt. Mag man auch davon überzeugt sein, dass diese Tradition vor allem dem Tourismus zuliebe gepflegt wird – die alte, neue Musik passt in den tiefen Süden der USA und gehört ebenso zur Geschichte der Stadt wie der breite, trübe »Ol' Man River«, der seine erdbraunen Wassermassen zum Mündungsdelta am Golf von Mexiko wälzt.

»Maison Bourbon« – eines der bekanntesten Jazzlokale im French Quarter. oben
Flusskreuzfahrt mit den luxuriösen Schaufelraddampfern. Mitte
Schmiedeeiserne Balkone im French Quarter. unten

Die Sunken Cypress Gardens nördlich von Jackson laden zu einem Spaziergang durch Wälder aus urweltlichen Sumpfzypressen ein.

Die 1857 erbaute Stanton Hall gehört zu den prunkvollsten Antebellum-Villen in Natchez. oben
Das Esszimmer von Oakley House in St. Francisville. Der berühmte Zeichner John James Audubon war auf dieser Plantage einige Jahre lang als Hauslehrer angestellt. unten
Das Herrenhaus der Nottoway Plantation ist heute Hotel und Restaurant. rechts

Nachschubhafen den Beinamen »Gibraltar der Konföderation«. General Grant und Admiral Porter belagerten Vicksburg im Jahr 1863 insgesamt 47 Tage lang, ehe die Südstaaten-Truppen aufgaben. Heute erinnert der Vicksburg National Military Park an die 17 000 Gefallenen.
Im ehemaligen Baumwollhafen *Natchez* hinterließen Indianer und Spanier, französische Soldaten und amerikanische Händler über Jahrhunderte hinweg ihre Spuren. Während des amerikanischen Bürgerkriegs lag das heute ungefähr 20 000 Einwohner große Städtchen am Rand der Schlachtfelder und blieb deshalb von Zerstörungen weitgehend verschont. Aus diesem Grund kann es heute mit zahlreichen prächtigen Antebellum-Villen aufwarten. In den Jahren 1819 bis 1860 war Natchez der wichtigste Flussumschlagplatz für die gewinnbringende Baumwolle. Die durch die Pflanzenfasern steinreich gewordenen Plantagenbesitzer ließen sich dort märchenhafte Paläste wie etwa *Stanton Hall* und das geradezu orientalisch anmutende *Longwood*, eine der schönsten Privatresi-

Baumwollfeld am Natchez Trace Parkway. Das »weiße Gold« verhalf vielen Plantagenbesitzern im 19. Jahrhundert zu großem Reichtum. oben

Nach dem offiziellen Ende der Sklaverei 1863 verdingten sich viele Schwarze – unter ähnlich schlechten Bedingungen wie zuvor – auf den Plantagen. unten

denzen in den ganzen USA, erbauen. Dreimal im Jahr öffnen die heutigen Besitzer bei der »Natchez Pilgrimage« die Türen ihrer Residenzen für die Öffentlichkeit, und zwar im März, im Oktober und im Dezember.

Traumplantagen in Louisiana. Große Plantagen existierten in der Zeit vor dem Bürgerkrieg nicht nur in Mississippi. Auch in Louisiana gab es Dutzende solcher Pflanzungen, auf denen die Arbeit der Sklaven den Besitzern ein Dasein in Saus und Braus ermöglichte. In und um die Ortschaft *St. Francisville* liegen mehrere solcher Güter. Ein Juwel unter ihnen ist die *Rosedown Plantation*, auf welcher der Baumwollpflanzer Daniel Turnbull als Zeichen seines Reichtums 1835 ein Herrenhaus mit 16 Zimmern errichten ließ. Statuen säumen die prachtvolle Eichenallee, die durch einen gepflegten Park zu diesem Anwesen führt. Über Louisianas Hauptstadt *Baton Rouge* mit ihren riesigen Raffinerieanlagen führt die Route auf die am Mississippi-Ufer verlaufende Great River

Die Sümpfe des Cajun Country im Mississippi-Delta bezaubern durch eine exotische Tier- und Pflanzenwelt, die man auf geführten Bootstouren kennen lernen kann. oben, Mitte und rechts
Zu den eindrucksvollsten Erlebnissen auf einer Fahrt durch das Reich der Sümpfe gehört die Begegnung mit Alligatoren. unten

Road, an der die bekanntesten Plantagen des Bundesstaats liegen. Ein leuchtendes Beispiel für die aristokratische Lebensart der Pflanzerkönige ist die *Nottoway Plantation* bei White Castle.
Der Zuckerbaron John H. Randolph gab diese schneeweiße Villa, in der man heute übernachten kann, 1859 in Auftrag und ließ sie mit allen Neuheiten der Zeit ausstatten – von der zentralen Wasserversorgung über die Gasbeleuchtung bis zum Swimmingpool. Fast noch berühmter ist die *Oak Alley Plantation*, benannt nach einer grandiosen Allee aus 28 riesigen Eichen, deren ausladende Kronen den Hauptzugang zum säulengeschmückten Herrenhaus in einen grünen Tunnel verwandeln.

Schmelztiegel New Orleans. Mit knapp einer halben Million Einwohner ist *New Orleans* das unumstrittene Zentrum des Bundesstaats Louisiana. Aber nicht allein die Größe der Stadt macht ihre über die Landesgrenzen hinausgehende Reputation aus, sondern ihr Charakter.
Amerikaner wähnen sich in der Altstadt, dem 90 Straßenblocks umfassenden French Quarter oder Vieux Carré, wie im Ausland. Das Viertel war der Kern der ursprünglich von dem Franzosen Jean Baptiste Le Moyne, Sieur de Bienville, 1718 gegründeten Kolonie am Unterlauf des Mississippi. Im Jahr 1762 fiel New Orleans an die Spanier, kam 1803 an Frankreich zurück, um noch im selben Jahr mit dem Louisiana Purchase an die USA verkauft zu werden. Jeder Machtwechsel war mit neuen Einflüssen verbunden, sodass die Stadt heute zu Recht als Schmelztiegel unterschiedlicher Kulturen gilt.
Backsteinhäuser mit umlaufenden Balkonen und kunstvollen gusseisernen Brüstungen, überdachte Gehsteige, Straßenlaternen aus dem 19. Jahrhundert, in grellen Farben getünchte Häuser von Kreolen, wie die Nachfahren der Spanier genannt werden, schmale Passagen und geheimnisvolle Hinterhöfe mit exotischen Pflanzen prägen ihr Flair.

Ein Abstecher ins Cajun Country. Von New Orleans führt der Highway 90 in südwestlicher Richtung geradewegs in eine von stillen Wasserläufen und ausgedehnten Sumpfflächen geprägte Landschaft, das Cajun Country. Die Bezeichnung geht auf Frankokanadier zurück, die um die Mitte des 18. Jahrhunderts von britischen Truppen aus Acadia, wie ihre Kolonie im kanadischen Nova Scotia (Ost-Kanada) hieß, vertrieben wurden, weil sie sich geweigert hatten, der anglikanischen Kirche beizutreten. Im südlichen Louisiana fanden die Acadianer eine neue Heimat. Im Lauf der Zeit entstand durch eine Verballhornung des englischen »Acadians« die Bezeich-

nung Cajuns. Heute noch pflegen diese Menschen ihre französischen Traditionen, ihre französisch-englische Mundart und ihre Kultur, was die Reise durch das Cajun Country zu einem sehr unamerikanischen Erlebnis macht.
Rund 60 Prozent des Territoriums dieser Region bestehen aus Gewässern. Es gibt Landstriche, in die nur gelegentlich einmal ein Jäger oder Trapper mit seinem Boot vordringt. In *Houma* werden Sumpftouren angeboten, auf denen man die exotische Tierwelt – Alligatoren, Wasserschildkröten, Waschbären, Nutrias (Biberratten), unterschiedliche Schlangen- und viele Vogelarten – kennen lernen kann.

Badefreuden an der Golfküste. Die jeweils relativ schmalen Küstenabschnitte der Bundesstaaten Mississippi und Alabama bieten vor allem im Naturschutzgebiet *Gulf Islands National Seashore*, das sich im Osten bis weit nach Florida hinein erstreckt, gute Bademöglichkeiten.
Hinter der Hafenstadt *Mobile*, die ein hübsches Zentrum besitzt, verlässt die Route den Golf von Mexiko.
Über Alabamas repräsentative Kapitale *Montgomery* und *Birmingham*, die größte Stadt des Bundesstaats, geht es auf der Interstate 20 wieder nach Atlanta, Georgia, und damit zum Ausgangspunkt der Reise zurück.

Das 1851 erbaute Kapitol in Montgomer, Alabamas Hauptstadt, war einst das politische Zentrum der reichen Plantagenbesitzer. oben
Am Ende der Rundreise laden die Gulf Shores mit ihren schneeweißen Sandstränden, das Schmuckstück der Golfküste Alabamas, zur Erholung ein. unten

Planen und erleben ...

Die Rosedown Plantation beeindruckt durch ihren weitläufigen Park. oben
Atlanta, heute die unumstrittene Wirtschaftsmetropole der Südstaaten. Mitte
Eine reiche Pflanzenwelt bietet der Great Smoky Mountains National Park. unten

DIE HIGHLIGHTS

Atlanta

Atlanta besitzt mehrere interessante Museen wie etwa das naturgeschichtliche Fernbank Museum of Natural History, das Robert W. Woodruff Arts Center und das Science and Technology (Scitrek) Museum of Atlanta. Am östlichen Stadtrand liegt an der Straße 78 der ausgedehnte Stone Mountain Park, der von den Bürgern Atlantas als Naherholungsgebiet geschätzt wird. Touristen besuchen den Park vor allem wegen einer außergewöhnlichen Sehenswürdigkeit: In die glatte Granitwand des 300 Millionen Jahre alten Berges wurde ein monumentales Relief gemeißelt, das die drei Führer der Südstaatenföderation im amerikanischen Bürgerkrieg darstellt – den Präsidenten Jefferson Davis und die beiden Generäle Robert E. Lee und »Stonewall« Jackson.

Chattanooga

Zu den bekanntesten Sehenswürdigkeiten der Stadt gehören die 1880 in Betrieb genommene Kleinbahn Chattanooga Choo-Choo und das Tennessee Aquarium, in dem man über 6000 Süßwasserlebewesen betrachten kann. Vom südlichen Stadtrand aus führt eine Zahnradbahn auf das Gipfelplateau des Lookout Mountain, von dem der Blick über die gesamte Stadt und ihr Umland reicht.

Nashville

Am Ufer des Cumberland River steht mit Fort Nashborough der Nachbau einer Blockhausanlage, wie sie von den ersten Siedlern vor Ort im Jahr 1779 errichtet worden war. Unter dem Namen The Hermitage ist das ehemalige Landhaus des US-Präsidenten Andrew Jackson (1767–1845) bekannt, wo der Politiker zusammen mit seiner Ehefrau zur letzten Ruhe gebettet wurde. Im südwestlich des Zentrums gelegenen Centennial Park steht die originalgetreue Kopie des griechischen Parthenon, die eine Kunstgalerie und eine riesige Statue der Göttin Athene beherbergt. Zu den populärsten Besucherzielen der Stadt gehört der Vergnügungspark Opryland USA.

Memphis

Der bekannteste Bürger der Stadt ist sicher Elvis Presley. Sein ehemaliger Wohnsitz Graceland ist seit dem Tod des »King of Rock 'n' Roll« im Jahr 1977 ein Wallfahrtsort für Fans aus aller Welt. Im Sun Studio in der Union Avenue, äußerlich ein sehr bescheidener Bau, nahm Elvis seine erste Platte auf. In den neunziger Jahren erhielt Memphis ein neues Wahrzeichen – eine 32 Stockwerke hohe, gläserne Pyramide, die vor allem für sportliche und kulturelle Veranstaltungen genutzt wird.

Natchez

Das Städtchen hat sich in erster Linie durch seine imposanten, zum Teil aus der Zeit vor dem Bürgerkrieg stammenden Pflanzer-Villen einen Namen als Touristenattraktion gemacht. Zu den sehenswerten Anwesen gehören The Burn (um 1836) und Dunleigth Mansion (um 1856) im neogriechischen Stil, The Governor Holmes House mit einem 1794 errichteten Teil, The House on Ellicott Hill (1798), das berühmte, orientalisch wirkende Longwood (1860/61), Magnolia Hall (1858), Monmouth Mansion (1818), Melrose Estate (1845), Rosalie Mansion aus den zwanziger Jahren des 19. Jahrhunderts und Stanton Hall (1857). Eine der jüngeren Attraktionen ist

Spezialitäten aus der Louisiana-Küche

Seit einigen Jahren kommt kaum eine amerikanische Großstadt ohne Restaurants aus, in denen im Stil Louisianas gekocht wird. Verantwortlich dafür ist vor allem der Starkoch Paul Prudhomme, der für die Spezialitäten der Region kräftig die Werbetrommel gerührt hat. Zu ihnen zählt etwa Jambalaya, ein mit der spanischen Paella verwandtes Gericht, oder Gumbo, ein scharf gewürzter Eintopf aus unterschiedlichen Fisch- und Fleischsorten samt Gemüse. Cajun-Gerichte sind vor allem im Cajun Country südwestlich von New Orleans populär (siehe Seite 90). In der Stadt selbst findet man eher Restaurants, die sich auf kreolische Küche spezialisiert haben. Sie unterscheidet sich vom einfachen Cajun-Stil durch die Verwendung raffinierterer Gewürze und hochwertigerer Zutaten, weil die kreolische Küche in früheren Zeiten die Küche der Begüterten war.

das Casinoschiff »Lady Luck Natchez« am Mississippi-Ufer.

New Orleans

Bei dem katastrophalen Hurrikan »Katrina« wurden im August 2005 einige Vororte der Stadt von den Sturmfluten vollständig zerstört. Seitdem sind zahlreiche nationale wie internationale Hilfsorganisationen mit dem Wiederaufbau der Gebäude und Anlagen beschäftigt.

Die Stadt am Mississippi besitzt zwei historische Viertel, in denen die meisten Sehenswürdigkeiten zu finden sind. Im French Quarter, dem alten Stadtkern mit seinen Restaurants, Bars, Musikkneipen und Hotels, spielt sich heute das Nachtleben ab. Weiter westlich liegt der Garden District, ein ehemaliger Vorort. Vor allem in der ersten Hälfte des 19. Jahrhunderts ließen sich reiche Amerikaner hier luxuriöse Villen in zum Teil wunderschönen Gartenanlagen errichten.

Das spektakulärste Fest der Stadt ist der Mardi Gras, der Karneval von Louisiana. Auch wer die närrische Zeit im Februar verpasst, braucht auf das bunte Treiben nicht ganz zu verzichten: In der Old U.S. Mint, der ehemaligen Münze, stellt das Mardi-Gras-Museum eine Sammlung prächtiger Kostüme und Masken aus.

Ship Island

Die bekannteste Badeinsel des Bundesstaats Mississippi liegt knapp 20 Kilometer vor der Küste – weit genug, um dem braunen Schlamm zu entgehen, den der Mississippi in den Golf von Mexiko schwemmt. Das unter Naturschutz stehende Eiland ist von Gulfport und Biloxi aus per Schiff leicht zu erreichen. Schon die Überfahrt gerät zum Erlebnis, wenn Delfine das Wettrennen mit den Booten aufnehmen.

ON THE ROAD

Günstige Zeit für eine Reise in den tiefen Süden ist der Wonnemonat Mai. Am Golf von Mexiko entgeht man dann noch der schwülen Hitze, die in den Sommermonaten häufig über dem Landstrich lastet. Gleichzeitig hat man Gelegenheit, Azaleen, Hartriegelbäume und andere in den Südstaaten verbreitete Gewächse in ihrer schönsten Blüte zu erleben.

Mississippi-Abenteuer

Ausflüge mit den nostalgischen Mississippi-Dampfern gehören in New Orleans quasi zum touristischen Pflichtprogramm. Tagtäglich legen die Raddampfer an der Riverfront zu Besichtigungsfahrten bzw. Dinner-Touren ab. Flussaufwärts müssen die Oldtimer mit so klingenden Namen wie »Cajun Queen« oder »Natchez Steamboat« mächtig gegen die starke Strömung des Mississippi ankämpfen. Auf den zweistündigen Fahrten lernt man die Flussufer um New Orleans sowie den Hafen der Stadt kennen.

Entfernungen

km	**Atlanta**	3510
	387 km	
387	**Knoxville**	3123
	186 km	
573	**Chattanooga**	2937
	166 km	
739	**Huntsville**	2771
	178 km	
917	**Nashville**	2593
	334 km	
1251	**Memphis**	2259
	650 km	
1901	**Natchez**	1609
	269 km	
2170	**New Orleans**	1340
	697 km	
2867	**Mobile**	643
	266 km	
3133	**Montgomery**	377
	377 km	
3510	**Atlanta**	km

In der Jack Daniel's Distillery. links oben
Im French Quarter, New Orleans. links unten
Achtung, Mississippi-Alligatoren! oben

Route **5**

Entdeckungsreise im Canyonland

Vom glitzernden Spielerparadies Las Vegas zu den erdbraunen Adobehäusern in Santa Fe, vom bizarren Bryce Canyon bis zum markanten Monument Valley: Die Rundfahrt durch den amerikanischen Südwesten garantiert überwältigende Eindrücke.

Von den Aussichtspunkten rund um Moab fällt der Blick auf die Felswildnis des Canyonlands National Park.

Unterwegs im Lande Manitous

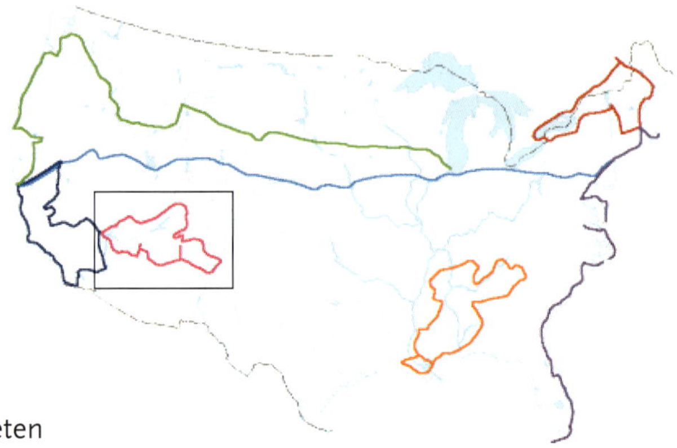

Die archaischen Indianerpueblos von New Mexico und die im Neonlicht flimmernden Spielcasinos in Las Vegas, die zerklüfteten Landschaften im Süden Utahs und natürlich die »Schlucht der Schluchten«, der majestätische Grand Canyon, den der Colorado ins Kaibab-Plateau gegraben hat: Amerikas Südwesten ist an landschaftlicher Schönheit und kultureller Vielfalt kaum zu überbieten.

Verschnaufpause mit herrlicher Aussicht: Der Shafer Trail, ein ehemaliger Indianerpfad, führt zum Hochplateau des Canyonlands National Park.

Im Norden der Glücksspielstadt *Las Vegas* (siehe Seite 102) verläuft die Interstate 15 durch einen heißen Wüstenstreifen mit karger Vegetation. Am Horizont erheben sich graue, abweisende Bergketten, die erst durch das Licht des späten Tages in satte Bernsteinfarben getaucht werden. Durch die schmale, von schroffen Felswänden gesäumte Schlucht des Virgin River windet sich die Schnellstraße auf ein Hochplateau hinauf, führt einige Kilometer weit über das Staatsgebiet von Arizona und erreicht bei der Stadt St. George schließlich Utah. Der ganze Stolz des Mormonenstaats sind die fünf weltberühmten Nationalparks im Süden des Landes: Als erstes dieser Highlights erreicht man den 600 Quadratkilometer großen *Zion National Park,* eine Landschaft, die aus tief eingeschnittenen Canyons, Steilabbrüchen, Felsdomen und Zinnen besteht. Mit dem Auto gelangt man nur etwa zehn Kilometer weit in das von fast senkrechten Felswänden eingerahmte Gebiet. Dann wird die Hauptschlucht so eng, dass für die Autostraße kein Platz mehr bleibt und die Besucher das Naturwunder auf Schusters Rappen erkunden müssen. Eine schöne Wanderung führt zu den Narrows, einem tief eingeschnittenen Canyon, in dem sich das Wasser des Virgin River durch eine nur wenige Meter breite Passage zwängt.

Einen zweiten, ganz anders gearteten Teil des Nationalparks durchquert man auf der Fahrt zum östlichen Parkausgang. In vielen Windungen schlängelt sich hier der Highway 9 bergan, bis man hinter einem Tunnel in eine bizarre Erosionslandschaft gelangt.

Der dem Zion Park benachbarte, nur rund 145 Quadratkilometer große *Bryce Canyon National Park* zeigt ein ganz anderes Gesicht. Die wichtigsten Sehenswürdigkeiten konzentrieren sich im so genannten Amphitheater am nördlichen Ende des Parks. Wenn man am Rand dieses Beckens steht, fühlt man sich tatsächlich an ein gewaltiges Naturtheater erinnert: Sein zerklüftetes Inneres besteht aus skurrilen Steinfiguren, die sich wie Schauspieler zum großen Finale auf einer Bühne einfinden.

Schon lange bevor die ersten weißen Siedler in dieser Gegend auftauchten, verehrten die hier lebenden Paiute-Indianer den Canyon als einen heiligen Ort. Das ist auch für den modernen Menschen durchaus nachvollziehbar, weil man sich kaum vorstellen kann, dass durch die Kräfte der Natur, durch Regen, Eis und Wind, eine so bizarre und zugleich zerbrechlich wirkende Landschaft entstehen kann, ohne dass dabei höhere Instanzen ihre Hand im Spiel hatten.

Nur zu Fuß erreicht man die Narrows, eine tief eingeschnittene Schlucht des Virgin River am Nordende des Zion National Park.

Grandioses »Niemandsland«. Der Highway 12 führt von Bryce in östlicher Richtung nach Torrey und durchquert anschließend ein Gebiet, das wegen seiner Unzugänglichkeit verkehrstechnisch erst sehr spät im 20. Jahrhundert erschlossen wurde. Am Weg liegen kleine Orte wie Cannonville oder Escalante, die von einer wild zerklüfteten, zum Teil auch wildromantischen Westernlandschaft umgeben sind. Als Etappenziel bietet sich *Boulder* an, wo man im Anasazi Indian Village State Historical Monument die Rekonstruktion eines präkolumbianischen Dorfes der Anasazi-Indianer besichtigen kann.
Der rund 1000 Quadratkilometer große *Capitol Reef National Park* zieht sich in Nord-Süd-Richtung an der Waterpocket Fold entlang, einer Faltung von Sandsteinschichten, die bei der Anhebung des Colorado-Plateaus vor etwa 65 Millionen Jahren entstand. Im Unterschied zu Zion und Bryce gehört Capitol Reef eher zu den Geheimtipps unter den Nationalparks. In Hanksville gabelt sich die Durchgangsstraße, weil sie auf dem Weg nach Osten durch ein gewaltiges natürliches Hindernis blockiert wird – den *Canyonlands National Park*. Diese Wildnis aus Myriaden von großen und kleinen Canyons im Zentrum des Colorado-Plateaus ähnelt der Oberfläche eines fremden Planeten. Über Millionen Jahre fraßen sich der Green und der Colorado River mit ihren Nebenflüssen in die Hochebene und verwandelten sie in einen der unzugänglichsten Landstriche des gesamten Westens.

»Er war allein und hätte gern aus den Farben des Canyons ein Lied gemacht ..., aber er fand die Worte nicht. Es wäre ein Schöpfungslied geworden ...«

Natachee Scott Momaday,
Haus aus Morgendämmerung, 1988

Im Park der gebogenen Steine. Ein Beweis für die Vielfältigkeit und den Abwechslungsreichtum der großen Naturlandschaften im Westen der USA ist der kleine *Arches National Park*, nur zehn Autominuten nördlich des Touristenstädtchens Moab. Die riesigen Sandsteinfelsen des Gebiets liegen auf einer mächtigen Salzschicht, die nach der Verdunstung eines prähistorischen Binnenmeers übrig blieb. Dieses Salzbett erwies sich in den vergangenen Jahrmillionen als sehr instabil, sodass die aufliegenden Gesteinsschichten häufig »verbogen« wurden. Danach durch die natürliche Verwitterung an die Erd-

Der Delicate Arch im Arches National Park – der berühmteste Steinbogen im Süden von Utah. oben
Im Petrified Forest National Park kann man bis zu 60 Meter lange, versteinerte Baumstämme bewundern. Mitte
In den verzweigten Schluchten des Glen Canyon wird der Colorado zum Lake Powell gestaut. unten
Die Escalante Road windet sich durch das sonnendurchglühte Felsenmeer zwischen dem Bryce Canyon und Escalante. rechts

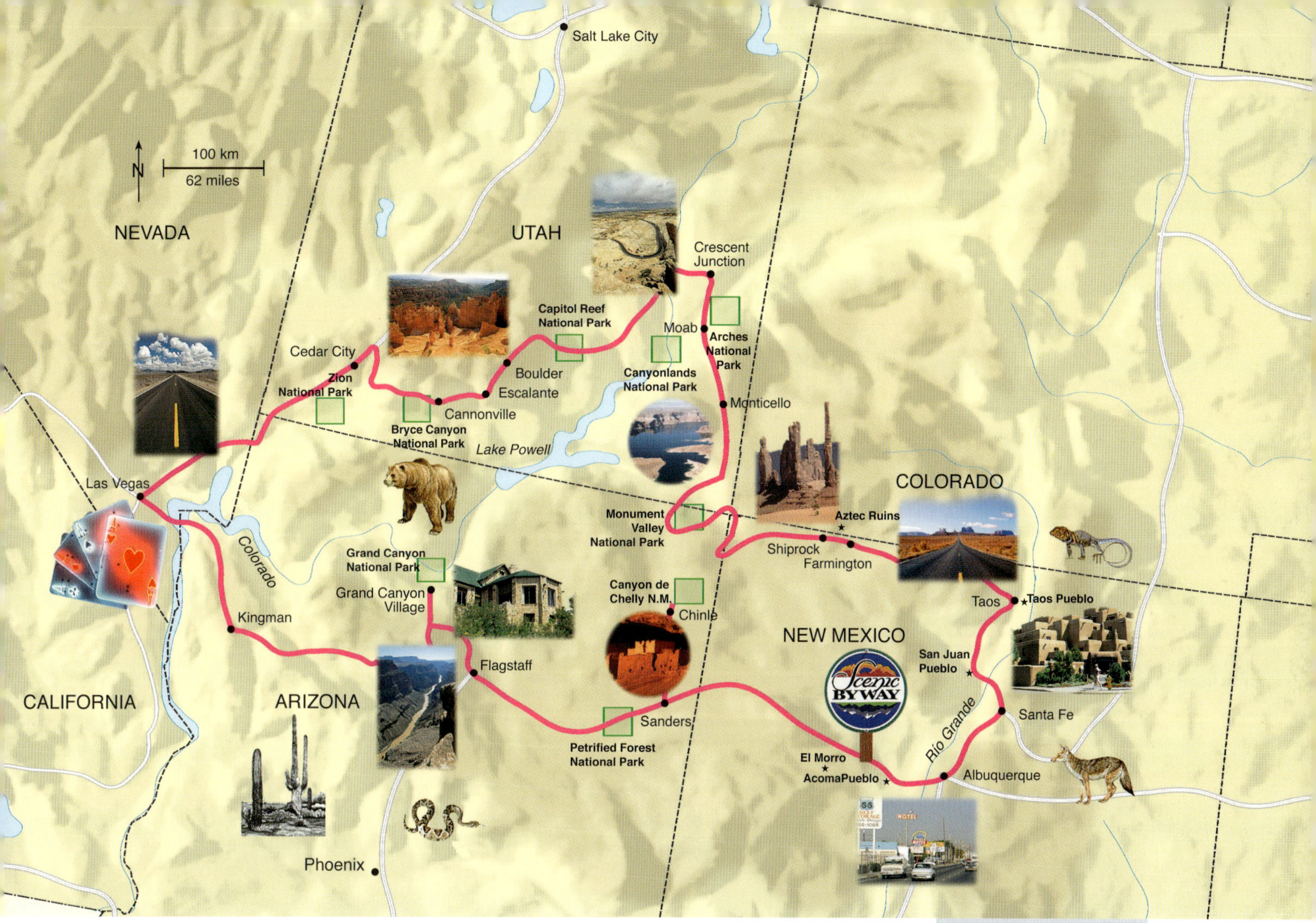

oberfläche gelangt, wiesen diese Felsen krumme Formen auf, wie sie sich heute vielerorts im Park an den für den Arches National Park typischen Steinbögen zeigen. Über 200 solcher Portale existieren in dem Schutzgebiet, und manche machen einen so zerbrechlichen Eindruck, als drohten sie bei der geringsten Erderschütterung einzustürzen. Das gilt auch für den Delicate Arch, einen ebenmäßigen Bogen aus lachsrotem Sandstein, der zum Wahrzeichen der amerikanischen Naturlandschaften schlechthin avancierte.
Von Moab führt die Straße 191 in südlicher Richtung nach Monticello und passiert dabei zwei weitere Nebenstrecken, die in den Canyonlands National Park, zum Needles Overlook bzw. in den Needles-Parkteil, führen. Von Monticello aus bietet sich ein kleiner Abstecher in die *Abajo Mountains* an, deren Espenwälder sich im Herbst zitronengelb verfärben.

Magisches Monument Valley. Der berühmteste aller Drehorte für Wildwestfilme, das Monument Valley, liegt ganz im äußersten Norden der Navajo Indian Reservation auf der Staatsgrenze zwischen Arizona und Utah. Schon Ende der 1930er Jahre stieß der Regisseur John Ford auf diese Naturkulisse, die wie keine andere den ungezähmten amerikanischen Westen symbolisiert. 1970 folgte ihm sein italienischer Kollege Sergio Leone, der mit seinem Edelwestern »Spiel mir das Lied vom Tod« an die cinematografische Tradition dieser Region anknüpfte. Eine Staubstraße mit badewannengroßen Schlaglöchern führt in Serpentinen vom Besucherzentrum auf den Boden des Monument Valley hinunter. Doch ein Tal im eigentlichen Sinn ist die Gegend nicht. Wo sich vor 250 Millionen Jahren ein Urmeer befand, dehnt sich heute ein ehemals flaches Plateau aus, auf dem Wind und Wetter in 25 Millionen Jah-

Das Monument Valley, Schauplatz zahlreicher Western von John Ford oben, wie etwa »Mit einem Fuß in der Hölle« (1960; Mitte) oder »Westlich von St. Louis« (1950; unten).
Das Hochplateau im Dead Horse Point State Park bei Moab bietet einen herrlichen Blick auf eine der tief eingeschnittenen Flusskehren des Colorado. rechts

ren Abtragung härtere Gesteinsformationen wie die Magmakerne alter Vulkane stehen ließen, während das übrige Material weggeblasen und weggeschwemmt wurde. Zwischen seltsamen Bergstummeln hindurch führt die Piste durch diese fremdartige Szenerie.
Unwillkürlich fragt man sich, ob die Magie dieser Indianerwelt tatsächlich zu spüren ist oder ob einem die Einbildung einen Streich spielt.

Pueblo-Staat New Mexico. Der Ort Shiprock gehört auch zur Navajo Reservation, liegt aber bereits in New Mexico. Schon von weitem ist der legendenumwobene *Shiprock Peak* zu sehen, ein unvermittelt aus dem ebenen Grasland aufragender Basaltfelsen, der Rest eines vor zwölf Millionen Jahren entstandenen Vulkans. Für die Navajo symbolisiert er den mythischen Riesenvogel, auf dessen Rücken sie vor langer Zeit in dieses Land gekommen

Im Süden des Canyonlands National Park. oben
Die markanten Felsen des Monument Valley dienten auch für John Fords letzten Western »Cheyenne« (1964) als eindrucksvolle Kulisse. Mitte
Fast 40 Meter hoch ist der Balanced Rock im Arches National Park. unten

waren. Wissenschaftlich nachweisbar ist die Ankunft der aus dem Norden vordringenden Navajo ungefähr im 15. Jahrhundert.
Die Hochkultur der Anasazi, die etwa zwischen 100 v. Chr. und 1300 n. Chr. im Gebiet um den Staatenschnittpunkt von Arizona, New Mexico, Colorado und Utah lebten, war zu dieser Zeit bereits untergegangen. Das akkurate Mauerwerk der *Aztec Ruins* in der Nähe von Aztec lässt noch heute erkennen, dass der Ort einst von sachkundigen Handwerkern errichtet worden sein muss. Das gilt auch für die *Salmon Ruins* bei Bloomfield, die ebenfalls etwa um das Jahr 1100 entstanden.
Quer durch die Jicarilla Apache Indian Reservation verläuft die Route dann nach Chama, das im Osten von den San Juan Mountains flankiert wird. Auf der Weiterfahrt nach Santa Fe kann man acht der insgesamt 19 Indianer- Fortsetzung Seite 106

Spielerparadies Las Vegas: Bauboom der Glücksritter

Las Vegas zeichnet sich seit Jahren durch ein phänomenales Wachstum aus. Der Boom macht sich nicht nur in steigenden Einwohnerzahlen, sondern auch in einem wahren Bauwahn bemerkbar. Kein Jahr vergeht ohne neue Erweiterungspläne oder Eröffnungen größerer und luxuriöserer Hotelcasinos, die immer verrückteren Themen gewidmet sind.
In Las Vegas stehen insgesamt 13 der größten Hotels der Welt. Allein rund um die Kreuzung Las Vegas Boulevard und Tropicana Avenue hat der Gast die Qual der Wahl unter 21 000 Zimmern, was etwa dem halben Kontingent aller Hotels in San Francisco entspricht. Wer ein oder zwei Jahre nach einem Las-Vegas-Besuch erneut in die Stadt kommt, wird sie nicht ohne Weiteres wiedererkennen.
Die Geschichte der neonglänzenden Glücksspielmetropole mitten in der Wüste Nevadas begann eigentlich erst in den 1930er Jahren, als am Colorado der riesige Hoover-Staudamm gebaut wurde. Viele Arbeiter lebten damals in Camps in Las Vegas, wo per Eisenbahn der größte Teil des Baumaterials ankam. Ohne die am Hoover-Damm produzierte elektrische Energie und ohne das aus dem Colorado »abgezweigte« Wasser wäre die heute rund 370 000 Einwohner zählende Stadt nicht lebensfähig. Autobahnbreite Boulevards und dreißigstöckige Luxushotels, Lichteralleen, welche die Nacht zum Tag machen, Casinos, so groß wie Flughäfen, und ein selbst für Amerika außergewöhnliches Aufgebot an Showprominenz – dieses Gesicht legte sich Las Vegas erst nach dem Zweiten Weltkrieg zu. Damals betrachteten die Könige der Unterwelt den Wüstenflecken als geeigneten Ort, um mit Casinos schnelles Geld zu machen. Am

Die Casinohotels von Las Vegas entführen ihre Gäste in aufwändig inszenierte Traumwelten. Das »Mirage« der Dompteure Siegfried & Roy. unten. Das »MGM« kann über 10 000 Gäste beherbergen. rechts Das »Flamingo Hilton«, eines der ältesten Casinohotels der Neonstadt. oben

Die extravagantesten Hotels in Las Vegas
Selbst verwöhnte Hotelgäste reiben sich in Las Vegas angesichts der außergewöhnlichen Vielfalt an Übernachtungsmöglichkeiten verwundert die Augen. Eine besondere Attraktion ist das »New York-New York« mit einer Kopie der Freiheitsstatue, hinter der die Miniatur-Skyline von Manhattan aufragt. Das nur wenige Schritte entfernte »Excalibur« gibt sich mit seinen bunten Türmchen märchenhaft, während im »Luxor« mit seiner von Palmen, altägyptischen Skulpturen und einer Sphinx umgebenen Riesenpyramide die Epoche der Pharaonen lebendig wird. Das etwas ältere »Mirage« lockt mit den weißen Tigern der Showkönige Siegfried & Roy sowie einem echten Regenwald. Und nicht weit davon kann man sich auf »Treasure Island« in eine karibische Piratenbucht versetzt fühlen.

Las Vegas Boulevard, dessen südlichen Teil alle Welt »The Strip« nennt, entstanden die ersten Glücksspielpaläste.
Die eigentliche Entwicklung setzte aber erst in den sechziger Jahren ein, als »Caesars Palace« am südlichen Strip mit dem ersten Themencasino den Weg in die Zukunft wies. Tempelanlagen, Skulpturen aus Marmor und Bronze und Legionäre in Pappmaché-Rüstungen schufen ein Ambiente wie im alten Rom: Im unterirdischen Forum, einer antiken Einkaufsstraße, entstand unter einem künstlichen Himmel ein Zeusbrunnen.
Apollo, Pluto und Venus weisen Konsumenten, denen die Brieftasche locker sitzt, den Weg in die Niederlassungen von Gucci oder Louis Vuitton. In den neunziger Jahren explodierte die Glücksspielindustrie in Nevada förmlich. Der eigentliche Casino-Kern verlagerte sich von Downtown an den südlichen Strip, wo sich ältere Glücksspielstätten wie das »Tropicana Casino« plötzlich einer fast übermächtigen Konkurrenz gegenübersahen. Neben dem altägyptischen »Luxor«, dem mittelalterlichen »Excalibur« und der Manhattan-Kopie »New York-New York« eröffnete das riesige Hotelcasino »MGM«, von außen ein futuristisches Gebirge aus grünem Glas.
Wer glaubt, dass den Planern langsam die Themen für neue Hotelcasinos ausgehen, täuscht sich. Gegen Ende des 20. Jahrhunderts sind offenbar europäische Themen in Mode, wie etwa das »San Remo« oder die amerikanischen »Ableger« der Städte Paris und Venedig zeigen. Aber auch verkehrstechnisch soll sich einiges ändern. Bislang verkehren auf dem Strip im nächtlichen Stop-and-go-Rhythmus Busse, auf die man häufig lange warten muss. Nach dem Willen der Stadtplaner soll entlang der zentralen Casino-Meile bald eine Bahn fahren, wie sie heute schon zwischen »Bally's« und »MGM« verkehrt.

Seit 1931 das Glücksspiel in Nevada legalisiert wurde, hat sich Las Vegas zum Traumziel der Spieler entwickelt. oben Nervenkitzel im Casino des »Excalibur« Mitte, das sich von außen als romantisches Märchenschloss präsentiert unten. Vor dem »Mirage« erwartet den Besucher auch ein künstlicher feuerspeiender Vulkan. links oben

Von den Kräften der Erosion in Jahrmillionen geschaffen: die bizarren Felssäulen und Steinnadeln des Bryce Canyon.

Stilvoll übernachtet man in Santa Fe im Hotel »La Fonda«. oben
Nostalgie ist Trumpf: Antiquitätengeschäft an der San Francisco Street von Santa Fe. unten

pueblos New Mexicos besuchen. Diese Siedlungen der Pueblo-Indianer haben sich zusammengeschlossen, um gemeinsam das alte Brauchtum zu bewahren.
Taos Pueblo am Fuß der Sangre de Christo Mountains zählt zu den bekanntesten und sehenswertesten Indianerdörfern im Südwesten der USA. Nördlich und südlich der Plaza erheben sich zwei große lehmfarbene Komplexe aus ineinander verschachtelten Wohnungen, die in ihrer Bauweise eher den traditionellen Unterkünften der Plains- als der der Pueblo-Indianer ähneln. Auf der Plaza stehen noch einige »hornos«, kuppelförmige Brotbacköfen, die bis heute von den Hausfrauen benutzt werden.
Picuris Pueblo (San Lorenzo de Picuris) ist mit knapp 300 Einwohnern das kleinste Pueblo New Mexicos. *San Juan Pueblo* war bereits zur Zeit der Spanier ein wichtiger Versammlungsplatz. Die Einwohner von *Santa Clara Pueblo* sind Nachfahren jener Indianer, die vor Jahrhunderten die benachbarten, in steile Felsflanken getriebenen Puye Cliff Dwellings bewohnten.
Die Bewohner von *San Ildefonso Pueblo* lebten bis ins 14. Jahrhundert weiter westlich im Gebiet des heutigen Bandelier National Monument, mussten dann aber nach einer langen Trockenheit ihre Siedlung verlegen. Schon vor Jahren entdeckten die Bewohner des *Pojoaque Pueblo* im Tourismus eine wichtige Einnahmequelle und gründeten das Poeh Cultural Center, in dem die handwerklichen und künstlerischen Traditionen gepflegt und vorgestellt werden. Auch in *Nambé Pueblo* und *Tesuque Pueblo* setzten sich die progressiven Kreise durch, die ihren Dörfern mit dem Fremdenverkehr neue Verdienstquellen erschlossen.

Hauptstadt im Adobe-Look. Im alten Zentrum von Santa Fe dominiert der erdbraune Adobe-Stil der Pueblo-Indianer, dem das 1610 gegründete Gemeinwesen ein in der Tat unvergleichliches Straßenbild zu verdanken hat. Diese Bauweise wurde etwa durch den 1614 fertig gestellten Palace of the Governors vorgegeben.
Hochhäuser und Leuchtreklamen, die Kennzeichen jeder größeren amerikanischen Stadt, gibt es in Santa Fe nicht. Selbst Tankstellen und Filialen der Imbissketten müssen auf ihre Standardfassaden verzichten und präsentieren sich statt dessen im Pueblo-Stil.

Felswände und Versteinerungen. Zwischen dem Río Grande und den Sandia Mountains erstreckt sich die riesige Stadtlandschaft von *Albuquerque*. Der größte Ballungsraum New Mexicos gibt sich baulich weit weniger traditionsbewusst als etwa Santa Fe, von dem schmucken kolonialspanischen Siedlungskern einmal abgesehen. An der Straße 53 südlich von Grants erhebt sich *El Morro*, ein riesiger Monolith, aus der flachen Landschaft. In eine Felswand geritzte Schriftzüge lassen darauf schließen, dass er im Jahr 1605 einer spanischen Expedition und vielen weiteren Pionieren als Orientierungspunkt diente.
Auf dem Staatsgebiet von Arizona biegt die Straße 191 bei Sanders von der Interstate 40 nach Norden ab und führt erneut in die Navajo Indian Reservation. Über Ganado, wo mit dem Hubbell Trading Post eine im 19. Jahrhundert gegründete Handelsstation steht, gelangt man nach Chinle, von wo aus sich ein Abstecher in den grandiosen *Canyon de Chelly* anbietet. Die Schlucht, die man nur zu Fuß, im Sattel oder mit

Die White House Ruins, die bekanntesten der zahlreichen Felsbehausungen im Canyon de Chelly, waren bis ins 13. Jahrhundert bewohnt.

umgebauten Armeetrucks erkunden kann, ist von bis zu 300 Meter hohen Felswänden umgeben.

Direkt an der I 40 liegt der *Petrified Forest National Park*. Vor etwa 200 Millionen Jahren muss diese trockene Region im zentralen Arizona ein feuchter Landstrich gewesen sein, in dem viele umgestürzte Bäume im sandigen Boden versanken und so vor dem Verfaulen bewahrt wurden. Über Jahrmillionen versteinerten diese Stämme allmählich, ehe sie durch die Erosion wieder an die Erdoberfläche gelangten und heute an vielen Stellen im Park zu bewundern sind.

Die »Schlucht der Schluchten«. Um den *Grand Canyon* zu erreichen, verlässt man die I 40 bei Flagstaff und fährt auf dem Highway 180 in Richtung Norden. Auf seinem langen Weg von den Gletschern der Rocky Mountains bis in den Golf von Mexiko fließt der Colorado River durch viele atemberaubende Landschaften. Sein spektakulärster Abschnitt ist jedoch das 480 Kilometer lange Teilstück zwischen dem Glen Canyon Dam und dem Hoover Dam. Dort, im heutigen Grand Canyon National Park, grub sich das reißende Wasser bis zu 1800 Meter tief in das Kaibab-Plateau ein und legte über zwei Milliarden

Eine mehrtägige Rafting-Tour auf dem Colorado bietet die Gelegenheit, die Naturschönheiten der großen Schlucht auf besonders eindrucksvolle Weise zu erleben. oben
Wer einen Maultierritt hinunter zum Grund des Grand Canyon unternehmen möchte, sollte sich mindestens ein Jahr vorher anmelden! unten
Am Nordrand des Grand Canyon kann man noch Ruhe und Einsamkeit finden. rechts

Jahre alte Gesteinsschichten frei. Sowohl vom stark besuchten Südrand (South Rim) als auch vom ruhigeren Nordrand (North Rim) aus bietet der Grand Canyon ein überwältigendes Bild. Speziell am späten Nachmittag verwandelt die schräg stehende Sonne die Schlucht mit ihren Felsabbrüchen, Plateaus und Steinzinnen in ein Licht- und Schattenreich von fast unwirklicher Erhabenheit.

Nach einer ausgiebigen Besichtigungstour entlang der zahlreichen Aussichtspunkte kehrt man bei Williams wieder auf die Interstate 40 und schließlich nach Las Vegas zurück.

Auch wenn der Abstecher zum Toroweap Overlook (Grand Canyon National Park) Zeit kostet und mühsam ist: Der einzigartige Ausblick auf den Colorado entschädigt für alle Strapazen.

Planen und erleben ...

Vor dem Hotel »Caesars Palace« in Las Vegas. oben
Mit dem Wohnmobil durch die Wüstenlandschaft des Capitol Reef National Park. Mitte
Landschaftlich schöne Nebenstrecken sind oft gekennzeichnet. unten

DIE HIGHLIGHTS

Bryce Canyon

Seine wahre Schönheit entdeckt man erst, wenn man auf einem der zahlreichen Wanderpfade in das etwa 150 Meter unterhalb der Abbruchkante gelegene rötliche Steinlabyrinth absteigt.
Erst auf dem Queen's Garden Trail, dem Navajo Loop Trail oder in der so genannten Wall Street zeigt sich die unglaubliche Vielfalt der Formen und Farben, die den nach dem Mormonenehepaar Ebenezer und Mary Bryce benannten Canyon berühmt gemacht hat.
Selbst im tiefen Winter, wenn die skurrilen Felsskulpturen flauschige Schneemützen tragen, ist der Nationalpark eine Reise wert. Hier wachsen noch die inzwischen selten gewordenen Bristlecone Pines, eine Kiefernart, die über 4500 Jahre alt werden kann.

Canyonlands National Park

Ein lohnender Zugang zum Park befindet sich westlich von Moab. Die Straße 313 führt zunächst in den spektakulären Dead Horse Point State Park. Von einer grandiosen Felskanzel blickt man hier über eine Schleife des Colorado River auf die fast unheimlich anmutende Canyonlandschaft. Die Straße endet im Island in the Sky genannten Teil des Nationalparks am Aussichtspunkt Grand View Point Overlook.

Santa Fe

Wegen ihrer malerischen Pueblo-Architektur und ihrem Flair einer Künstlerkolonie lässt Santa Fe sich gerne »The City Different« (»die etwas andere Stadt«) nennen. Ihren Mittelpunkt bildet die alte spanische Plaza mit dem Palace of the Governors aus dem Jahr 1614. Nördlich der Plaza steht die von 1869 bis 1884 errichtete St. Francis Cathedral. Berühmter ist die Chapel of Our Lady of Light am Beginn des Old Santa Fe Trail (siehe Seite 14). Zentrum des Künstlerviertels ist die von Studios, Galerien und Ateliers gesäumte Canyon Road. Zu den bekanntesten Museen zählen das neue Georgia O'Keeffe Museum, das Museum of Fine Arts, das Museum of Indian Arts & Culture, das Museum of International Folk Art und das Wheelwright Museum of the American Indian.

Albuquerque

Unter den zahlreichen Museen der Stadt verdient vor allem das New Mexico Museum of Natural History einen Besuch. Hier wird – etwa mit simulierten Vulkanausbrüchen, computergesteuerten Säbelzahntigern und geologischen Exponaten – die Geschichte der Natur von ihren Anfängen an dokumentiert.

Grand Canyon

Den Mittelpunkt des gleichnamigen Nationalparks bildet die vom Colorado River zum Teil 1800 Meter tief ausgewaschene, an ihrer Oberkante rund 20 Kilometer breite Schlucht, eines der größten Naturwunder der USA. Am stark besuchten Südrand (South Rim) befindet sich mit dem Grand Canyon Village das eigentliche touristische Zentrum des Parks. Zu den schönsten Aussichtspunkten am South Rim gehören Mather, Grandview und Hopi Point.

Pueblos zwischen Santa Fe und Albuquerque

Außer den acht nördlichen Pueblos (siehe Seite 108) gibt es auf dem Boden New Mexicos weitere elf solcher Indianersiedlungen, einige davon im Tal des Río Grande zwischen Santa Fe und Albuquerque. Die Wohnhäuser von Cochiti Pueblo gruppieren sich um die Kirche San Buenaventura. In ihrem Inneren stellt ein überdimensionales Altarbild den Heiligen dar, dem das Gotteshaus geweiht ist. Die Kunsthandwerker von Cochiti haben sich durch ihre Töpferwaren und vor allem durch die Figur des »Storyteller«, einer Frau mit vielen kleinen Kindern, einen Namen gemacht. Viele der zahlreichen Feste in Cochiti wie auch in Santo Domingo Pueblo sind für Fremde nicht zugänglich. Der jeweils am 4. August auf der breiten Plaza von Santo Domingo veranstaltete Mais-Tanz lockt jedoch Besucher von weit her an den Río Grande.
In San Felipe Pueblo findet der Mais-Tanz bereits am 1. Mai statt. Hier darf bei den Zeremonien allerdings weder gefilmt noch fotografiert werden.

Bestes Hotel im Grand Canyon Village ist das vornehme »El Tovar« direkt am Canyonrand. In der Hochsaison ist für alle Hotels eine rechtzeitige Reservierung unbedingt erforderlich. Notfalls kann man auf Unterkünfte im zehn Kilometer entfernten Tusayan, in Flagstaff oder auch in Williams ausweichen.

ON THE ROAD

Der amerikanische Südwesten gehört zu jenen Gebieten der USA, in denen sich am ehesten die Gelegenheit bietet, mit der indianischen Kultur in Kontakt zu kommen. Grundsätzlich sind alle Pueblos und Reservationen für jedermann zugänglich.
Überall wird jedoch großer Wert auf ein respektvolles Verhalten der Besucher und das Einhalten gewisser Regeln gelegt.
Häufig machen Schilder am Pueblo-Eingang oder an den Grenzen der Indianerterritorien darauf aufmerksam, dass etwa das Fotografieren, Filmen oder Zeichnen ebenso verboten ist wie Alkoholgenuss. Bei Festen sollte man sich im Zweifelsfall vor Ort erkundigen, ob man filmen oder Fotos machen darf.

Souvenirs

Der amerikanische Südwesten ist ein Einkaufsparadies, nicht zuletzt für diejenigen, die sich für das kunsthandwerkliche Können der Indianer begeistern. Vielerorts werden hübsche Töpferwaren, Webarbeiten wie Navajo-Teppiche oder der silbergefasste Türkisschmuck angeboten. In Santa Fe bezahlt man für solche Mitbringsel normalerweise mehr als anderswo.

Nationalparks

Im amerikanischen Südwesten sind die großen Nationalparks zahlreicher als in anderen Regionen. Wer auf seiner USA-Reise mehrere dieser Naturparadiese besuchen will, fährt am günstigsten mit dem Golden Eagle Pass. Er kostet 50 Dollar und berechtigt zum Eintritt in die meisten vom National Park Service verwalteten Gebiete, also auch in National Monuments und National Historic Parks.

Entfernungen

km	Las Vegas	3512
	405 km	
405	Bryce Canyon NP	3107
	211 km	
616	Capitol Reef NP	2896
	549 km	
1165	Monument Valley	2347
	267 km	
1432	Aztec	2080
	384 km	
1816	Santa Fe	1696
	875 km	
2691	Petrified Forest NP	821
	383 km	
3074	Grand Canyon NP	438
	438 km	
3512	Las Vegas	km

Märchenhaftes Reich aus Licht und Schatten: der Bryce Canyon. links
Auf den kurvenreichen Straßen gelten besondere Tempolimits. oben
Der Gegenverkehr hat Vorfahrt. unten

DANISH WINDMILL

Route **6**

Von Chicago nach San Francisco

Vom Mittelwesten durch die Great-Plains-Staaten, die Kornkammer des Landes, an den Pazifik: Auf den über 6000 Kilometern, die zwischen Chicago und San Francisco liegen, lernen Reisende die USA in all ihren Schattierungen kennen.

Weideland, Korn- und Futtersilos, kleine Farmhäuser: So wie hier in Iowa stellt man sich gern den ganzen Mittelwesten der USA vor.

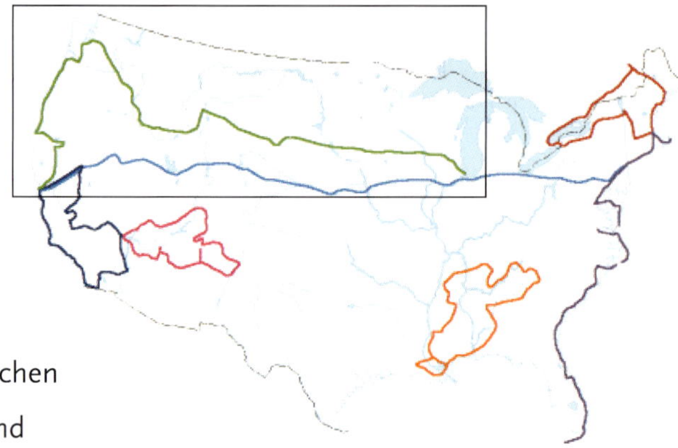

Durch die Weiten des Westens

Vielfältige Facetten Amerikas: die Wolkenkratzer des dynamischen Chicago, endlose Maisfelder und Viehweiden in Wisconsin und Minnesota, eindrucksvolle Zeugnisse der indianischen Vergangenheit in South Dakota und Wildwestromantik im »Cowboystaat« Wyoming. Nicht zuletzt führt die Fernroute auch zu grandiosen Naturwundern wie etwa dem berühmten Yellowstone National Park.

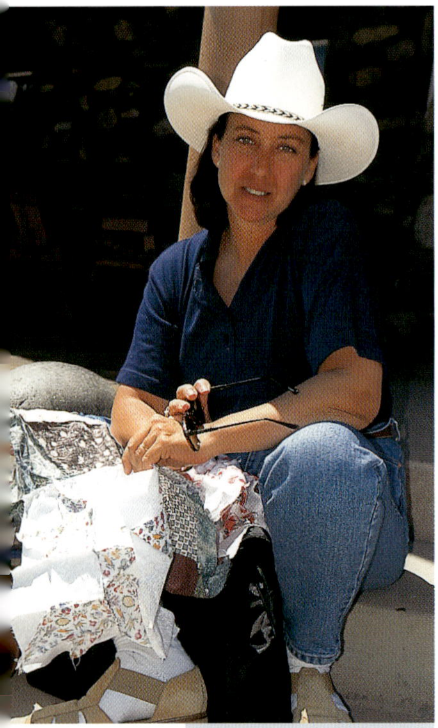

Cowgirl in Cody, Wyoming. Der einst von Buffalo Bill gegründete Ort steht bis heute ganz im Zeichen des Wilden Westens.

Der Dichter Carl Sandburg (1878–1967) nannte sie die »Stadt der breiten Schultern« – *Chicago*, die Metropole am Ufer des Lake Michigan. Der Beiname passt, wenn man sich die Geschichte der Stadt als Standort von Eisenhütten, Schlachthöfen und Eisenbahndepots sowie als Schauplatz großer Arbeiterstreiks in Erinnerung ruft. Auch zur Zeit der Prohibition und der Weltwirtschaftskrise in den zwanziger und dreißiger Jahren des 20. Jahrhunderts hatte die Bezeichnung ihre Berechtigung, weil damals Gangster vom Schlag eines Al Capone die Geschicke der Stadt skrupellos mitbestimmten. Wahrscheinlich ist die lokale Vergangenheit auch einer der Gründe dafür, dass Chicago vielen als Inbegriff alles Amerikanischen gilt. Immerhin errichteten Bautrupps dort im Jahr 1885 den ersten mit einem tragenden Stahlrahmen ausgestatteten Wolkenkratzer. Seither ist der Skyscraper nicht nur zum Symbol dieser Stadt, sondern der amerikanischen Großstadtlandschaft schlechthin geworden. So versteht es sich beinahe von selbst, dass in Chicago mit dem im Jahr 1974 von den Architekten Skidmore, Owings & Merrill erbauten, 443 Meter oder 110 Stockwerke hohen Sears Tower eines der höchsten Gebäude auf dem Planeten Erde steht. Der aus neun unterschiedlich hohen Türmen zusammengesetzte Komplex bildet gewissermaßen eine eigene Stadt mit etwa 17 000 dort arbeitenden Menschen. Über 100 Aufzüge sorgen dafür, dass die Angestellten rechtzeitig in ihre Büros kommen.

Quer durch das Indianerland. Erste Etappenziele auf der langen Reise an die Pazifikküste sind *Madison*, die Hauptstadt von Wisconsin, der *Blue Mounds State Park*, ein ursprüngliches Präriegebiet, in dem noch eine Bisonherde lebt, und *Sioux Falls*, die mit 100 000 Einwohnern größte Stadt in South Dakota. Bei Chamberlain überquert die Interstate 90 den Missouri, der weiter nördlich die Indianerreservationen *Lower Brule* und *Crow Creek* trennt. Seit die Lower Brule Sioux auf ihrem Stammesgebiet das »Golden Buffalo Casino« eröffneten, zieht ihre Reservation die Landbevölkerung nicht nur aus South Dakota, sondern auch aus den umliegenden Staaten an.
Biegt man bei Cactus Flat von der I 90 nach Südwesten ab, ändert sich die Landschaft fast schlagartig. Statt durch gewelltes Grasland führt die Reise nun durch den *Badlands National Park*. Bizarr auserodierte Felsformationen mit tiefen Schrunden, die sich aus den Ablagerungen eines prähistorischen Binnenmeers, aus Vulkanasche und Schlamm zusammensetzen, dominieren diesen seltsamen Landstrich.

Downtown Chicago: An die Zeit, als der Chicago River eine viel befahrene Wasserstraße war, erinnern noch seine 52 Hebebrücken.

Die aus dem Granit des Mount Rushmore gemeißelten Büsten vier bedeutender US-Präsidenten locken alljährlich Millionen von Besuchern an. oben

Im schattigen Reich der Baumriesen: Die Fahrt durch die »Avenue of the Giants« ist ein Erlebnis. Mitte

Die »Unterwelt« der Black Hills lässt sich auf einer Führung durch die Rushmore Cave entdecken. unten

Parallel zur Interstate 90 windet sich die Straße 240 durch eine apokalyptische Landschaft, in der jeder Regenguss und jedes Gewitter neue Formen entstehen lassen.

Im Süden der Badlands an der Biegung des Wounded Knee Creek kam es am 29. Dezember 1890 zum letzten großen bewaffneten Zusammenstoß zwischen Weißen und Indianern. Das 7. US-Kavallerieregiment stellte eine große Gruppe erschöpfter, nur wenig bewaffneter Minneconjou-Sioux – letzte Untat in einer jahrzehntelangen Konfrontation, die die Verdrängung und Beinahe-Ausrottung der amerikanischen Urbevölkerung zur Folge hatte. Die Black Hills südlich von Rapid City lohnen einen ausgedehnten Stopp. Die berühmten Porträts der vier Staatspräsidenten George Washington (1732–1799), Thomas Jefferson (1743–1826), Abraham Lincoln (1809–1865) und Theodore Roosevelt (1858–1919) am *Mount Rushmore* und das dem Sieger der Schlacht am Little Big Horn gewidmete *Crazy Horse Memorial*, an dem noch gearbeitet wird, gelten als illustre Symbole der wechselvollen amerikanischen Geschichte. Nicht weit entfernt lockt schließlich eine märchenhafte »Unterwelt«, die zum National Monument erklärte *Jewel Cave*, eine riesige Karsthöhle mit zum Teil sehr ungewöhnlichen Tropfsteinformationen.

»... dies war das Amerika der Entdeckungen, der Kontinent ohne Grenzen, da waren die Schluchten der Gefahr, die Täler der Gesetzlosigkeit, die Berge der Fallen und der Felle, die Flüsse des Goldes ...«

Wolfgang Koeppen, Amerikafahrt, 1982

In diesem Nationalpark sieht es aus, als sei ein Stück von einem fremden Stern auf die Erde gefallen: die zerfurchten Badlands östlich von Rapid City, South Dakota.

Auch Amerikas Wappenvogel, der Weißkopfseeadler, ist im Grand Teton National Park zu Hause und brütet in den hohen Bäumen bei Nacht seinen Nachwuchs aus. oben und Mitte
Die Lavafelder des Craters of the Moon National Monument erkundet man gut zu Fuß. unten

Sightseeing im »Cowboystaat«. Nur wenige Kilometer westlich der Jewel Cave beginnt der Bundesstaat Wyoming. Sein Bild wird im Osten von welligem Grasland bestimmt, das seit der Besiedlung im 19. Jahrhundert für die Rinderzucht genutzt wird.
Im äußersten Nordosten erhebt sich mit dem *Devils Tower* einer der seltsamsten Berge des amerikanischen Westens. Er ist der harte Magmakern eines Vulkans, der sich vor etwa 60 Millionen Jahren hier befand und durch die Kräfte der Erosion abgetragen wurde. Das Städtchen *Cody* ist nach seinem Gründer William Cody benannt, der früher im Wilden Westen weit besser unter dem Namen Buffalo Bill bekannt war. Mit dem Buffalo Bill Historical Center ist dem legendären Helden eines der besten Westernmuseen der USA gewidmet.

Krater, Canyons, schroffe Gipfel. Im äußersten Nordwesten Wyomings liegt der *Yellowstone National Park* (siehe Seite 120). An den ältesten und berühmtesten Nationalpark der USA schließt sich im Süden der *Grand Teton National Park* an. Aus der vom Snake River durchflossenen Ebene steigen unmittelbar die schroffen Granitzinnen der Teton Range empor. Höchster Gipfel dieser eindrucksvollen Kette ist der Grand Teton mit 4197 Metern. Von dem Westernstädtchen *Jackson* führt die Straße 22 über den Targhee Pass nach Idaho. Bei Pocatello im Tal des Snake River stößt die Route auf den historischen Oregon Trail (siehe Seite 68). Nicht weit entfernt dehnt sich im *Craters of the Moon National Monument* eine über 200 Quadratkilometer große Mondlandschaft aus. Ihre erstarrten Lavafelder, Aschehügel und Krater gehen auf mehrere Vulkanausbrüche vor etwa

15 000 Jahren zurück. Nach Idahos Hauptstadt Boise erreicht die Straße 71 über Weiser und Cambridge den Brownlee-Damm, der den Snake River auf der Grenze zwischen Idaho und Oregon zu einem See aufstaut. Weiter nördlich grub sich der Fluss im Lauf der Jahrmillionen immer tiefer ins Bergland ein und schuf so den nur auf dem Wasser oder über wenige Stichstraßen zugänglichen *Hells Canyon*, der bis zu 2400 Meter tief ist.

Auf dem *Flagstaff Hill Summit* bei Baker City, Oregon, dokumentiert das National Historic Oregon Trail Interpretive Center anhand von lebensgroßen Darstellungen, Gerätschaften und Malereien die legendäre »Go West«-Bewegung. Zu Füßen des Hügels konnten sich die auf dem Oregon Trail nach Westen ziehenden Pioniere einige Tage lang von den hinter ihnen liegenden Strapazen erholen, bevor sie die letzte Wegstrecke ihrer insgesamt achtmonatigen Reise in Angriff nahmen, der heute die Interstate 84 ins Tal des Columbia River folgt.

Am Pazifik entlang nach Süden. Mit *Seattle* ist der nordwestlichste Punkt der Route erreicht. »The Emerald City«, wie die Stadt wegen ihrer Lage an der smaragdgrünen Elliott Bay auch genannt wird, besitzt eine moderne, fast futuristisch wirkende Skyline. Als ihr Wahrzeichen gilt der anlässlich der Weltausstellung 1962 errichtete Aussichtsturm Space Needle.

An der Mündung des Columbia River in den Pazifik beginnt die wildromantische Küste des Bundesstaats Oregon und im Fort Stevens State Park die Küstenroute auf dem legendären Highway 101 bzw. 1 (siehe auch Seite 18) nach San Francisco. Auf der Strecke bis ins Fortsetzung Seite 124

Nur wenige Kilometer südlich von Yellowstone bietet sich ein großartiger Blick auf den schroffen Gebirgskamm der Teton Range. links

Der Devils Tower, ein von der Erosion freigelegter Lavaturm im nordöstlichen Wyoming, diente einst den Pionieren als Wegweiser. oben

Der Yellowstone National Park

Nirgendwo sonst auf der Erde liegen blubbernde Schlammtöpfe und schwefelgelbe Fumarolen, Heißwasserquellen und Geysire so dicht nebeneinander wie im Yellowstone National Park im äußersten Nordwesten Wyomings, einem Gebiet, in dem die Erdrinde nur wenige Kilometer dick ist. Regen- und Schmelzwasser sickern durch Risse und Spalten bis in tief liegende Schichten, die durch flüssiges Gestein aufgeheizt werden. Spontan oder auch in regelmäßigen Abständen – wie etwa im Fall des Geysirs Old Faithful – presst Dampfdruck das kochende Wasser an die Erdoberfläche und schießt es in gewaltigen Fontänen in den Himmel. In den Mammoth Hot Springs zeigen sich die Thermalaktivitäten von einer ganz anderen Seite. Seit Jahrhunderten sickert hier mit gelöstem Kalk angereichertes Wasser aus einer Bergflanke und lässt Sinterterrassen in prächtigen Formen und Farben entstehen. Yellowstone, 1872 als erster Nationalpark der Welt ins Leben gerufen, wurde nach dem gleichnamigen Fluss benannt, der sich im Grand Canyon of the Yellowstone tief in das gelbliche Gestein eingräbt und über zwei grandiose Wasserfälle seinen Weg nach Norden nimmt. Die schönen

Wildnis in Yellowstone: Der Park bietet Lebensraum für Bisons und Wapiti-Hirsche. oben und Mitte
Der Old Faithful ist der bekannteste Geysir im Yellowstone Park. unten

Ein Paradies für Wildtiere

Der Yellowstone National Park gehört zu jenen Gebieten des amerikanischen Westens, in denen man am besten Wildtiere beobachten kann. Auf den freien Grasflächen sind häufig Wapiti-Hirsche anzutreffen. Im malerischen Hayden Valley zwischen dem Yellowstone Lake und dem Canyon Village leben viele Bisons, deren Bestand im gesamten Park auf rund 2000 Exemplare angewachsen ist. Häufig werden die Herden im Winter dezimiert, um die Übertragung der Brucellosis-Krankheit, von der sie befallen sind, auf benachbarte Viehfarmen zu verhindern. Im Lamar Valley im äußersten Nordosten des Parks setzten die Ranger Mitte der 1990er Jahre Grauwölfe aus, die sich in der Gegend offenbar wohl fühlen und sich bereits vermehrt haben. Das große Gebiet nordöstlich des Yellowstone Lake, durch das keine einzige Autostraße führt, gilt als Rückzugsgebiet für Braunbären, Schwarzbären und Grizzlys.

Landschaften sowie die Sehenswürdigkeiten des Parks kann man per Auto auf einer Rundtour erkunden, für die man mindestens zwei Tage veranschlagen sollte. Die Geschichte des Gebiets reicht mehrere hundert Millionen Jahre zurück. Im Präkambrium bestand es aus einer flachen Ebene, die später immer wieder von seichten Meeren bedeckt war, ehe sich vor etwa 75 Millionen Jahren die Rocky Mountains aufzuwerfen begannen. Mit der Entstehung dieses Gebirges waren tektonische und vulkanische Aktivitäten verbunden. Spätere Klimaveränderungen ließen Yellowstone zu einem warmen und trockenen Landstrich werden, in dem Kamele, Elefanten und Urpferde lebten und sich erneut Gebirge bildeten. Im Anschluss an eine gigantische Vulkaneruption vor etwa zwei Millionen Jahren entstand die Caldera, das riesige Kraterbecken, das heute das Zentrum des Parks darstellt.

Vor ungefähr 300 000 Jahren begann die erste Eiszeit das Gesicht dieses Landstrichs zu formen. Zwei weitere Eiszeiten verliehen der Region in etwa ihr heutiges Aussehen.

Sichere Holzstege führen durch die Thermalgebiete, die sich vor allem an der Straße zwischen dem Old Faithful und Madison Junction konzentrieren. Im Upper Geyser Basin liegt mit dem Grand Prismatic Pool eines der schönsten Naturwunder des Parks: ein großer, von heißem Wasser gespeister Teich, der so flach ist, dass die farbigen Bakterien- und Algenablagerungen auf dem Grund hervorragend sichtbar sind. Andere Pools wie etwa der Great Fountain Geyser am Firehole Lake Drive beeindrucken dagegen durch ihre stattlichen Fontänen.

Die Travertinterrassen der Minerva Spring im Gebiet von Mammoth Hot Springs sind durch heiße Quellen entstanden. linke Seite
Mineralien färben das Thermalwasser im Norris Geyser Basin. oben

Naturerlebnis im Yellowstone National Park: der Grand Canyon of the Yellowstone River mit den Lower Falls.

nördliche Kalifornien reiht sich ein State Park an den anderen. Zum Baden ist das 17 bis 18 Grad Celsius warme Wasser allerdings selbst im Hochsommer nur für Abgehärtete geeignet. Die erste größere Stadt auf kalifornischem Territorium ist das an einer wild zerklüfteten Steilküste gelegene *Crescent City*. Im benachbarten *Jedediah Smith Redwoods State Park* können Besucher die stolzen Redwood-Bäume in 19 Hainen bewundern, darunter Stout Grove mit dem 104 Meter hohen Stout Tree. Noch mehr Mammutbäume stehen im *Redwood National Park*, der zur Erhaltung dieser unvergleichlichen Sequoia-Riesen geschaffen wurde. Zwischen Eureka und Leggett verläuft der Highway 101 im Landesinneren und wird erst bei Westport wieder zur küstennahen Traumstraße. Von dort aus ist San Francisco in eineinhalb Stunden zu erreichen. Wer noch etwas Zeit hat, fährt auf der Straße 299 durch das wilde Küstengebirge bis nach Redding im Central Valley. Knapp 80 Kilometer östlich der Stadt thront der 3187 Meter hohe Lassen Peak über dem *Lassen Volcanic National Park*. Im Schlot des Vulkans hatte es im Frühjahr 1914 zu rumoren begonnen. Am 19. Mai 1915 erfolgte eine gewaltige Eruption, die Gesteinspartikel und Asche über die gesamte Region verteilte. Zwar beruhigte sich der Feuerberg in den

Seattle, attraktive Metropole des Nordwestens – hier im Central Business District. oben
Sehenswertes Seattle: der Pike Place Market. oben

Jahren danach wieder. Neben der Parkstraße steigen aber noch immer schwefelige Dämpfe aus dem Boden. Über den Südausgang des Parks kehrt man nach Red Bluff ins Central Valley zurück und setzt von dort die Fahrt auf der Interstate 5 nach San Francisco fort. Keine Stadt auf amerikanischem Boden besitzt eine ähnlich fantastische Lage wie *San Francisco* und einen vergleichbaren Charme, von berühmten Sehenswürdigkeiten wie Chinatown, North Beach, dem Viertel South of Market (SoMa) mit dem neuen Museum of Modern Art und dem historischen Mission District mit seinem lateinamerikanischen Flair einmal ganz abgesehen.

Seit 1937 überspannt die Golden Gate Bridge das »Goldene Tor«, den Eingang zur San Francisco Bay. oben
Wer Ruhe und Einsamkeit sucht, ist an Oregons Küste richtig. links

Planen und erleben …

Morgendämmerung am Summit Lake im Lassen Volcanic National Park. oben
Fahren ohne anzukommen – der Weg ist das Ziel. Mitte
Wer Zeit hat, sollte eine Bootsfahrt durch den Hells Canyon unternehmen. unten

DIE HIGHLIGHTS

Chicago

Ein Hochgeschwindigkeitslift bringt Besucher innerhalb von nur 55 Sekunden in die 103. Etage zum Skydeck des Sears Tower, von wo aus man eine fabelhafte Aussicht genießt. Im Besucherzentrum des Wolkenkratzers gibt eine siebenminütige Multi-Media-Show unter dem Titel »The Chicago Experience« einen Überblick über die Stadt und ihre Vergangenheit. Dass Kunst und Kultur in der Metropole nicht zu kurz kommen, beweist neben Dutzenden von Theatern und Kleinbühnen das Art Institute of Chicago, das Kunstwerke aus sämtlichen Kulturkreisen und Erdteilen zeigt. Die Kaufhäuser mit den besten Shopping-Möglichkeiten finden sich an der North Michigan Avenue in der Nähe des Old Water Tower. Das im Jahr 1899 von Louis Sullivan erbaute Kaufhaus Carson Pirie Scott hat wegen seiner ornamentierten Fassade Berühmtheit erlangt.

Pipestone

Ein Abstecher nach Pipestone lohnt sich für Reisende, die sich für indianische Kulturen interessieren. Jedes Kind im Ort kennt die Geschichte des heutigen Pipestone National Monument: Seit Jahrhunderten fertigen die Sioux-Indianer aus dem weichen rotbraunen Gestein des Gebiets Pfeifen an, die bei religiösen Zeremonien auch anderer Indianerstämme bis heute eine wichtige Rolle spielen. Seit dem Jahr 1937 stehen die den Indianern heiligen Aluminiumsilikat-Steinbrüche am Ortsrand deshalb unter Schutz; nur Indianer dürfen das Gestein abbauen.

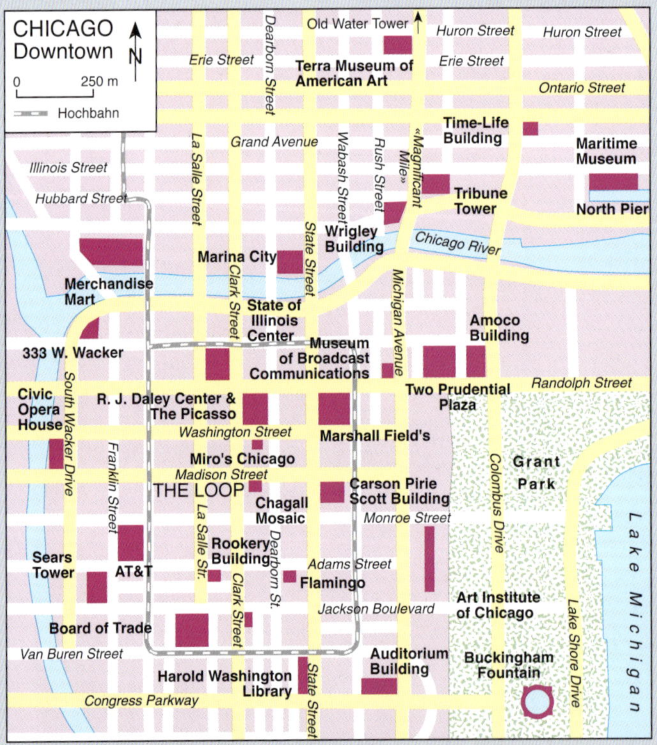

Boise

Im Julia Davis Park zwischen Kapitol und Union-Pacific-Bahnhof liegen die größten Attraktionen der Staatshauptstadt: der Zoo und drei Museen. Das Discovery Center of Idaho macht seine Besucher mit technischen Prinzipien und Naturgesetzen vertraut. Das Idaho State Historical Museum ist der Siedlungs- geschichte des Nordwestens gewidmet. Im Boise Art Museum zeigen Künstler aus Idaho ihre Werke.

Seattle

Die beste Sicht auf die Stadt und die Elliott Bay hat man von der Aussichtsplattform des Fernmeldeturms Space Needle. Auf dem malerischen Pike Place Market werden vor allem Obst, Gemüse und frischer Fisch angeboten. Historisches Flair prägt das alte Stadtzentrum um den Pioneer Square, das heute durch Restaurants, Läden, Galerien und Kneipen belebt wird. An die indianische Vergangenheit Seattles erinnern ein Totempfahl der Tlingit-Indianer und eine Statue des Häuptlings Sealth, dem die Stadt ihren ungewöhnlichen Namen verdankt. Lohnend ist der Besuch des Museum of Flight, in dem historische Flugapparate, supermoderne Jets und eine Apollo-Raumkapsel die Geschichte der Luft- und Raumfahrt dokumentieren.

Die berühmtesten Hochhäuser in Chicago
Seit dem ausgehenden 19. Jahrhundert war Chicago ein Architekturlabor, in dem in den nachfolgenden Jahrzehnten die berühmtesten Baumeister eindrucksvolle Hochhäuser entwarfen. Als »Vater des Wolkenkratzers« gilt William Le Baron Jenney, der 1890 mit dem Manhattan Building den ersten Büroturm um eine tragende Stahlkonstruktion baute. Acht Jahre später entwarfen die Architekten Daniel Burnham und John W. Root das Rookery Building mit einer Fassade aus neoromanischen Bögen und Pfeilern. 1938 kam der Deutsche Ludwig Mies van der Rohe nach Chicago, wo er als Professor für Architektur am Illinois Institute of Technology unterrichtete und zahlreiche Gebäude auf dem Campus entwarf. Viele Architekten nahmen seinen Stil auf wie etwa die Firma Skidmore, Owings & Merrill, die 1969 das 343 Meter hohe John Hancock Center errichtete. Dem Prinzip Transparenz huldigt das von Helmut Jahn entworfene State of Illinois Center/Thompsen Center mit einer riesigen, nach oben offenen Lobby.

San Francisco
Als Zentrum von Downtown San Francisco, dem südwestlichen Teil der Innenstadt, betrachten viele Bewohner den von Kaufhäusern und Nobelhotels umgebenen Union Square. Ganz in der Nähe liegt an der Market Street die Abfahrtsstelle der Cable Cars nach Fisherman's Wharf, das sich vom Fischereihafen zum Touristenmagneten entwickelt hat. Von dort legen die Ausflugsschiffe zur ehemaligen Gefängnisinsel Alcatraz ab. Zwischen der Bucht und dem Stadtzentrum windet sich die berühmte Lombard Street in schmalen Serpentinen durch Beete mit Hortensienbüschen. Nicht weit entfernt thront auf dem Telegraph Hill der Coit Memorial Tower, ein Aussichtsturm, der einen lohnenden Blick über die Wolkenkratzer des Financial District bietet. Durch North Beach, den Stadtteil, der durch die Literaten der »Beat Generation« in den 1950er Jahren berühmt gemacht wurde, kommt man in die Chinatown, die sich zu beiden Seiten der Grant Avenue ausdehnt. Im Süden der Market Street entstand in den neunziger Jahren das Viertel SoMa um das Moscone Convention Center und die Yerba Buena Gardens mit seinen kulturellen Einrichtungen wie etwa dem neuen Museum of Modern Art. Außerhalb des Stadtzentrums liegen der Golden Gate Park, das Homosexuellenviertel Castro und der Mission District, in dem 1776 mit dem Bau der Mission Dolores der Grundstein der Stadt gelegt wurde.

ON THE ROAD

Angesichts der stattlichen Entfernung von rund 6500 Kilometern verläuft die Route zwischen Chicago und San Francisco auf weiten Strecken über die Interstates. Auf diesen Autobahnen kommt man schneller vorwärts, weil die Höchstgeschwindigkeit in vielen Bundesstaaten mittlerweile 75 Meilen pro Stunde betragen.

Mode für Western-Fans
Die Stadt Jackson, Wyoming, bietet Geschäfte in Hülle und Fülle, die Western-Mode in allen erdenklichen Variationen verkaufen – vom Stetson über fransengeschmückte Wildlederjacken bis zu hochhackigen Cowboystiefeln. Einfachere Ausführungen solcher Kleidungsstücke bekommt man vielerorts bei den so genannten Ranch Outfitters, wo sich Bauern und Viehzüchter ausrüsten.

Entfernungen

km		
km	**Chicago**	6560
	216 km	
216	**Madison**	6344
	782 km	
998	**Sioux Falls**	5562
	679 km	
1677	**Rapid City**	4883
	988 km	
2665	**Yellowstone NP**	3895
	228 km	
2893	**Jackson**	3667
	822 km	
3715	**Boise**	2845
	902 km	
4617	**Seattle**	1943
	1290 km	
5907	**Eureka**	653
	653 km	
6560	**San Francisco**	km

Im Yellowstone National Park.

POWELL & HY
SAN FRA

Route **7**

Durch Kalifornien und Nevada

Herrliche Strände und schneebedeckte Berge, fruchtbare Täler und staubtrockene Ebenen, quirlige Kultstädte und verschlafene Fischernester: Eindrucksvoll ist das Kontrastprogramm, das den Reisenden im Land am Pazifiksaum erwartet.

Kaum ein Besucher wird San Francisco verlassen, ohne einmal in der Cable Car über die steilen Straßen der Stadt gerattert zu sein.

Paradies zwischen Pazifik und Wüste

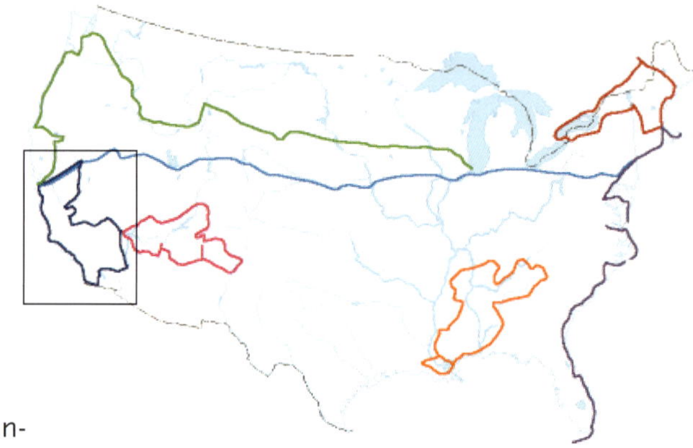

Die Kultstädte San Francisco und Los Angeles, spanisch anmutende Küstenorte, Goldgräberstädte mit bewegter Vergangenheit und die unglaubliche Vielfalt der Landschaft von der Wüste des Death Valley über die Viertausender der Sierra Nevada bis zu lieblichen Tälern und der wilden Schönheit der Nationalparks: Für viele sind Kalifornien und Nevada die Traumziele in Amerika.

Der Einfluss der Hippie-Ära ist in San Francisco bis heute spürbar: Von Haight-Ashbury, wo dieser Button-Verkäufer auf Kunden wartet, ging in den 1960er Jahren die Welle der »Blumenkinder« aus.

Die Rundfahrt durch Kalifornien und Nevada beginnt an der 1937 fertig gestellten Golden Gate Bridge in *San Francisco,* einem wahrhaft gigantischen Bauwerk: Zwischen den beiden 227 Meter hohen Pfeilern hängt die Fahrbahn auf 1280 Meter Länge nur an den fast einen Meter dicken Stahltrossen in 67 Meter Höhe über dem Wasser.
Nördlich der Brücke beginnt der hügelige Landkreis Marin County mit dem Städtchen *Sausalito,* dem eine große Hausbootsiedlung das Flair einer Künstlerkolonie verleiht. Am nördlichen Ende der Bucht ziehen sich parallel zueinander zwei Täler durch die Hügellandschaft: *Sonoma* und *Napa Valley,* seit langem Synonyme für kalifornische Spitzenweine, die in über 200 Winzerbetrieben produziert werden. Idyllische Ortschaften verstecken sich zwischen den Weinbergen, die sich kilometerweit über die Hang- und Tallagen erstrecken.

Im »Gold Country«. *Sacramento* spielt zwar unter den Metropolen des »Golden State« eine Nebenrolle, die kalifornische Hauptstadt mit ihrem alten Kern am Ufer des Sacramento River ist aber auf jeden Fall einen Besuch wert. In Old Sacramento kann man sich zwischen den stattlichen Gebäuden aus dem 19. Jahrhundert, die in den vergangenen Jahrzehnten sorgfältig renoviert wurden, wie im alten Westen fühlen. Im B. F. Hastings Building fanden von 1855 bis 1869 die Verhandlungen des Obersten Gerichtshofs von Kalifornien statt. Zu den Schätzen des California State Railway Museum, das die amerikanische Eisenbahngeschichte von 1860 bis 1960 dokumentiert, zählen 21 blitzblank polierte Oldtimerloks. Zu Fuß erreicht man von der Altstadt aus in zehn Minuten das Kapitol, das von einem wunderschönen Park umgeben ist.
Auf dem Weg von Sacramento in das »Gold Country« bietet sich ein erster Stopp in *Auburn* an. In seinem historischen Ortskern unterhalb des kuppelgeschmückten Gerichtsgebäudes erinnert eine riesige Goldwäscherskulptur an die Geschichte dieses Landstrichs, in dem 1848 der erste Goldfund den berühmt-berüchtigten kalifornischen Goldrausch auslöste. Der Mittelpunkt des Geschehens war damals das Dorf *Coloma* am Ufer des American River. Im Auftrag des deutsch-schweizerischen Kolonisten John August Sutter sollte James Marshall dort eine Sägemühle errichten. Bei den Aushubarbeiten fielen dem Vorarbeiter glitzernde Krümel auf, die schnell als Gold identifiziert waren. Es gelang nicht, diesen spektakulären Fund geheim zu halten – schon wenige Wochen

Der Highway 1, der sich hier bei Big Sur dicht am Pazifik entlangschlängelt, bietet nach jeder Kurve neue grandiose Blicke auf die zerklüftete Küste.

später war die sensationelle Nachricht in San Francisco in der Zeitung zu lesen. Unzählige Abenteurer brachen in die Sierra Nevada auf, um in den kalten Flüssen und Bächen nach dem begehrten Edelmetall zu suchen. Ein Jahr später hatte sich die Neuigkeit über den ganzen Erdball ausgebreitet und Glücksritter aus aller Herren Länder fielen in das »Gold Country« ein, in dem manche tatsächlich ihr Glück machten, die Mehrheit aber von einer Enttäuschung in die nächste stolperte.

Rund um den »Herrn der Seen«. Über den 2360 Meter hohen Luther Pass gelangt man auf dem Highway 50 zum idyllisch gelegenen *Lake Tahoe*, den sich Kalifornien mit dem Nachbarstaat Nevada teilt. Am kalifornischen Ufer führt eine Panoramastraße nach Norden, vorbei an der malerischen Emerald Bay, die durch abfließende Gletscher am Ende der letzten Eiszeit entstand. Nach *Squaw Valley*, dem Austragungsort der Olympischen Winterspiele 1960, erreicht die Route in *Truckee* die Interstate 80. Der Ort erlangte 1846 traurige Berühmtheit: Die aus 87 Mitgliedern bestehende Donner Party, ein Pionierkonvoi, war wegen des früh einsetzenden Winters in der Sierra im Schnee stecken geblieben und musste monatelang in der Kälte ausharren. Fast die Hälfte der Einwanderer kam dabei ums Leben.

Der Traum vom Reichtum. Östlich der Sierra Nevada wird das Land immer flacher und heißer. Am Rand des riesigen, wüstenhaften Great Basin, das sich bis zum Beginn der Rocky Mountains in Utah erstreckt, macht der kleine Hochhauskern von *Reno* in dieser grenzenlosen Landschaft einen ziemlich verlorenen Eindruck. Die nach Las Vegas zweitgrößte Casinostadt Nevadas erwacht erst nach Sonnenuntergang zum Leben und zeigt entlang der neonbunten Virginia Street, was wirklich in ihr steckt. Ein Transparent über der Straße gibt Auskunft über ihr Selbstverständnis: »The Biggest Little City in the World« ist darauf zu lesen.
Südlich von Reno führt die Straße 341 in eine gebirgige Region, in der ein gewisser Henry Comstock zusammen mit zwei Kompagnons 1859 auf eine Goldmine

»Wusstet ihr, dass zur Rechten Westindiens eine Insel namens Kalifornien liegt, sehr nahe am irdischen Paradies ...«
García Ordóñez de Montalvo,
Las Sergas de Esplandián, 1510

Seltsame Gebilde aus Tuffstein ragen aus dem Mono Lake, dessen Wasser nach Los Angeles abgeleitet wird. oben
Santa Barbara ist ein beliebter südkalifornischer Badeort am Pazifik. Mitte
Für viele motorisierte Touristen eine Attraktion: die Lombard Street mit einem Gefälle von 40 Prozent. unten
Das felsige Ufer des 1900 Meter hoch gelegenen Lake Tahoe – hier die Emerald Bay. rechts

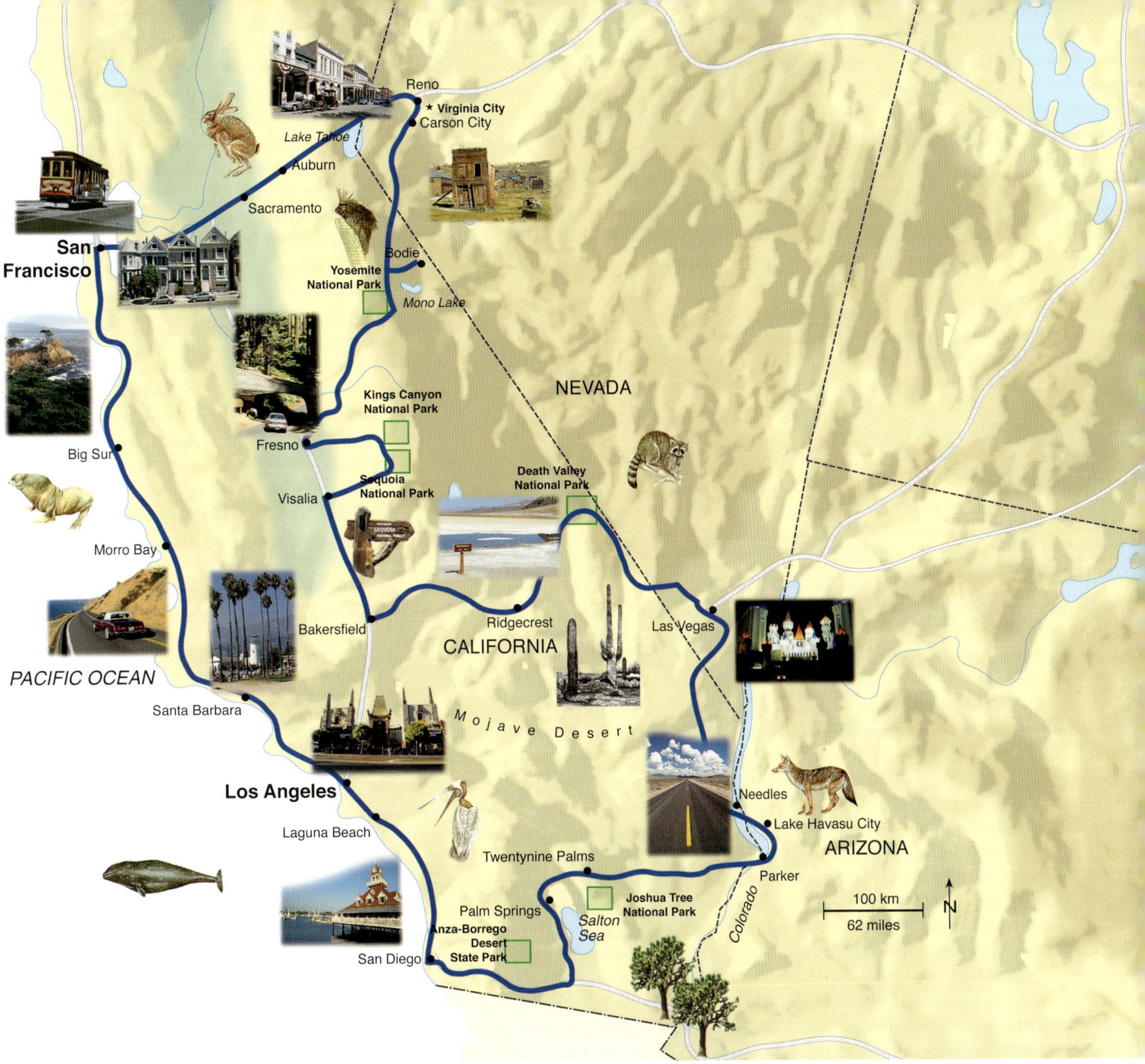

Triumph der postmodernen Architektur: die Horton Plaza in San Diego. links

Auf dem »Walk of Fame« in Hollywood wandelt man auf den Spuren berühmter Filmgrößen. rechts

Auch die Geisterstadt Bodie nördlich des Mono Lake ist ein Freilichtmuseum, in dem die Zeit des kalifornischen Goldrauschs lebendig wird. oben
Nachdem hier 1859 eine Gold- und Silberader entdeckt wurde, entwickelte sich Virginia City zu einem der reichsten Orte des Landes. Heute ist die aufwändig restaurierte Geisterstadt ein viel besuchtes Ausflugsziel. unten

stieß. Wenig später folgte eine noch wertvollere Entdeckung: die bedeutendsten Silberlagerstätten, die im 19. Jahrhundert in den USA gefunden wurden. Rund um *Virginia City* buddelte man Edelmetall im Wert von über einer Milliarde Dollar aus der Erde. Mehrere restaurierte Villen und drei Kirchen zeugen davon, dass die Stadt für kurze Zeit einer der reichsten Orte des Landes war. Weiter südlich führt die Route durch die kleine Staatshauptstadt Carson City zum Topaz Lake und damit wieder nach Kalifornien.

Rettet den Mono Lake! Inmitten der von der Hitze ausgedörrten Landschaft am Rand des Great Basin breitet sich der 150 Quadratkilometer große, abflusslose *Mono Lake* aus, der zu den ältesten Seen Amerikas gehört. In den 1980er Jahren drohte er auszutrocknen, weil aus seinen Zuflüssen zu viel Wasser in die nach Los Angeles führenden Aquädukte abgeleitet wurde. Umweltschützern gelang es, diese Praxis durch mehrere Gerichtsurteile zu stoppen. Am Südufer legte der über Jahrzehnte hinweg fallende Wasserspiegel bizarre Kalkfor-

Für Eisenbahnfans ein Muss: das California State Railway Museum in Sacramento. oben
Nach einer Stärkung im Saloon von Virginia City links geht die Fahrt auf dem Highway 50 weiter nach Kalifornien Mitte.
Wie Las Vegas hat sich auch das kalifornische Reno als Stadt der schnellen und unkomplizierten Eheschließungen einen Namen gemacht. unten

mationen frei, die dem Strand ein geheimnisvolles Aussehen verleihen.

Juwelen der Sierra. Von der Ortschaft Lee Vining am Seeufer steigt die in den *Yosemite National Park* führende Straße beständig an und lässt das trockene Great Basin rasch hinter sich. Schon bald wird sie von Wäldchen aus Ponderosa-Kiefern gesäumt. Hinter dem Parkeingang windet sich die Tioga-Passstraße auf 3030 Meter Höhe durch die Granitlandschaften der Sierra. Publikumsmagnet sind die 739 Meter hohen Yosemite Falls, die dritthöchsten Wasserfälle der Erde.

Nach einem Besuch des Glacier Point, dem Gipfel eines fast senkrechten Felsens, der einen herrlichen Blick auf die Sierra Nevada bietet, und des Mariposa Grove mit seinen imposanten Mammutbäumen verlässt man den Nationalpark am Südausgang. Über Fresno im Central Valley geht die Fahrt durch zwei weitere Naturschutzgebiete, den *Kings Canyon National Park* und den *Sequoia National Park*. Ähnlich wie Yosemite ist auch Fortsetzung Seite 141

Faszination Death Valley: siedende Hitze unter null

Der Name ist so eindrucksvoll wie irreführend: Das Todes-Tal ist nämlich alles andere als tot. Kaliforniens Biologen entdecken hier alle paar Monate neue seltene Tier- und Pflanzenarten. Dennoch: Ein Name wie Death Valley passt gut in eine Welt, in der bis heute großer Wert auf die glorreiche Pionier-Vergangenheit und eine verklärte »Go West«-Mentalität gelegt wird.

Die erste Durchquerung entwickelte sich tatsächlich zu einem mörderischen Albtraum: 1849 wollte eine Gruppe von Goldsuchern ihren Weg zum großen Reichtum durch das Wüstental abkürzen. Die vermeintliche Abkürzung wurde zur Falle: Die Pioniere scheiterten mit ihren Planwagen kläglich an den steilen Hängen der Panamint Mountains im Westen. Der Anführer der Gruppe, der eine geeignete Stelle für den Übergang in Richtung Süden suchte, kam auf dem Rückweg ums Leben, bevor er sein Camp am rettenden Wasserloch erreichte. Zwei andere Scouts kehrten nach 26 Tagen und nahezu 1000 Kilometern Erkundungsritt zurück und lotsten die Gruppe schließlich aus dem Tal. »Goodbye, Death Valley!«, sollen sie erleichtert ausgerufen haben, als das Tal des Todes endlich hinter ihnen lag.

Das Death Valley hat sich seither nicht verändert: Es ist eine menschenleere Wildnis geblieben: Hohe Berge und tiefe Schluchten umgeben ein schier endloses Wüstenbecken, in dem man sich auch heute noch relativ leicht verirren kann. Und die Temperaturen treiben einem den Schweiß aus allen Poren: Im Sommer klettert das Thermometer häufig über 45 Grad Celsius. Und mit 56,7 Grad im (kaum vorhandenen) Schatten hält das Tal den Rekord für die höchste jemals gemessene Temperatur in Nordamerika.

Ähnlich wie das Tote Meer in Israel liegt das Death Valley unter dem Meeresspie-

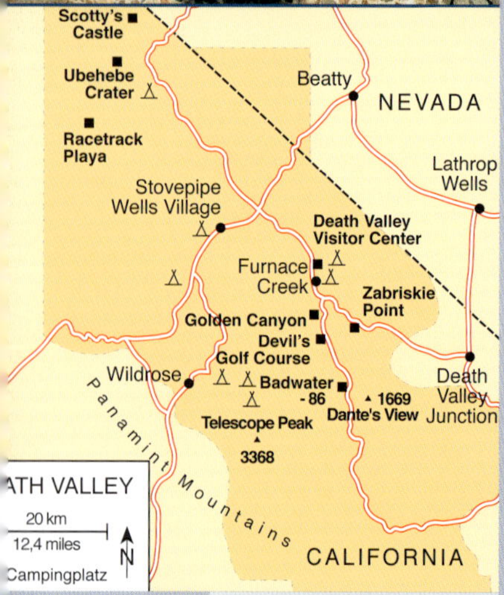

Devil's Golf Course: Wo einst ein See lag, bedecken Salzablagerungen den »Golfplatz des Teufels«. oben Das »Furnace Creek Inn«. Mitte Sanddünen bei Stovepipe Wells. rechts

Tagestour durch das Tal des Todes

Das ganze Jahr hindurch schlägt der Death Valley National Park alle Temperaturrekorde auf dem Boden der Vereinigten Staaten. Nicht selten werden hier Temperaturen von über 45 Grad Celsius erreicht. Aus diesem Grund sollte man sein Besichtigungsprogramm den natürlichen Gegebenheiten anpassen, denn sobald die Hitze im Tal zunimmt, breitet sich Dunst aus und die Landschaften verlieren ihre Konturen und Farben. Ideale Tageszeiten sind die Morgenstunden bis höchstens zehn Uhr und der Spätnachmittag ab 16 Uhr. Einen spektakuläreren Sonnenaufgang als am Zabriskie Point kann man sich kaum vorstellen. Anschließend bietet sich eine Fahrt nach Badwater an. Die heiße Mittagszeit lässt sich zur Besichtigung von Scotty's Castle oder auch für ein erfrischendes Bad im Swimmingpool der Furnace Creek Ranch nutzen. Den Spätnachmittag und die letzten Stunden des Tages verbringt man am besten in den wunderschönen Sanddünen bei Stovepipe Wells.

gel, stolze 86 Meter – und ist damit der tiefstgelegene Punkt der USA. Aber im Frühling wandelt das Death Valley sein Gesicht: Dann fällt in der Region ein bisschen Regen, der zusammen mit der Feuchtigkeit am Morgen das tote Tal aufblühen lässt.

Wer zu dieser Jahreszeit hier unterwegs ist, erlebt, was der Satz »Die Wüste lebt!« bedeuten kann: zartes Grün auf scheinbar knochentrockenem Grund, Blumen und blühende Kakteen, ungewohnte Farbenpracht in einer Landschaft, die den Rest des Jahres nur mit Braun- und Gelbtönen aufwartet. Selbst Tiere sind dann häufiger zu beobachten. Und spätestens jetzt weiß man, dass der Name des Tals trügt – auch wenn er noch so schön schaurig klingt.
Stefan Nink

Die Fahrt durch die menschenleere Einöde ist ein faszinierendes Erlebnis. oben
Der Zabriskie Point bietet einen fantastischen Blick auf den westlichen Teil des Death Valley. links

Am Glacier Point genießt man einen atemberaubenden Blick auf das Yosemite Valley.

Im Giant Forest kann man sogar unter einem umgestürzten Baumriesen hindurchfahren. oben
Squaw Valley, das wohl bekannteste unter den Skigebieten rund um den Lake Tahoe. unten
Urzeitliche Mammutwälder bedecken den Sequoia National Park. rechts

dieser Teil des Gebirges durch bizarre Granitlandschaften und Haine riesiger Mammutbäume geprägt, die alles um sich herum auf Miniaturformat schrumpfen lassen. Besonders beeindruckend ist der etwa 2500 Jahre alte General Sherman Tree im Sequoia National Park: Er ist 84 Meter hoch und besitzt einen Stammumfang von 31 Metern.
Über Bakersfield im südlichen Central Valley und Ridgecrest führt die Route weiter in den trockenen Südosten Kaliforniens und beschreibt eine Schleife durch eine der extremsten Landschaften des amerikanischen Westens: den *Death Valley National Park* mit dem tiefsten Punkt der USA (siehe Seite 136).
Die Straße 178 verlässt den Park an seinem Südausgang in Richtung Shoshone. Das Dorf mit Motel, Tankstelle, Postamt und Coffee Shop liegt inmitten einer gebirgigen, spärlich bewachsenen Landschaft, in der die Zeit stehen geblieben zu sein scheint. Umso lebhafter geht es in Nevadas Neonmetropole *Las Vegas* zu. Kaum ist die Sonne untergegangen, beginnen die riesigen Reklameschilder am Strip in allen Farben zu funkeln (siehe Seite 102).

Ein Abstecher nach Arizona. Über das im südlichsten Zipfel Nevadas zwischen Kalifornien und Arizona gelegene Laughlin und über Needles an der historischen Route 66 fährt man nach Topock in Arizona und weiter nach *Lake Havasu City*. Die Stadt entstand erst ab 1963. Ihr Gründer, ein Unternehmer, kaufte 1968 die London Bridge und ließ sie aus der britischen Hauptstadt nach Arizona transportieren, um sie in »seiner« Stadt wiederaufzubauen – keine schlechte Werbung, wie sich im Nachhinein herausstellte: Lake Havasu City gilt heute nicht nur als größtes Ferienziel Arizonas am Colorado, sondern auch als bedeutendster Ort zwischen Bullhead City und Yuma.

Kalifornische Wüstenoasen. Nach dem Arizona-Ausflug führt die Route bei Parker zurück nach Südkalifornien. Erstes Ziel ist der *Joshua Tree National Park*. In der Ortschaft Twentynine Palms biegt man in den nordwestlichen Teil des Naturreservats ab, der zur über 800 Meter hoch gelegenen Mojave-Wüste gehört. Im Gegensatz zur tiefer gelegenen und heißeren Sonora-Wüste gedeihen hier die dekorativen Joshua Trees. Nackte Granitfelsen ragen aus der Landschaft und bieten Kletterern ein ideales Trainingsgelände.
Die westlich des Nationalparks gelegene 40 000 Einwohner große Wüstenmetropole *Palm Springs* gehört zu den bevorzugten Winterrefugien der Region. Schon vor Jahrzehnten traf sich dort in der kalten Jahreszeit die Schickeria aus Großindustrie, Film und Showbusiness, um bei frühlingshaften Temperaturen das neue Jahr zu begrüßen.
Durch die Dattelhaine und Weingärten des Coachella Valley und vorbei am salzigen Salton Sea gelangt man auf der Straße S 22 in den *Anza-Borrego Desert State Park*. Mit runden Fasskakteen, rot blühenden Kerzensträuchern und hübschen Teddy Bear Chollas erlebt man hier eine grandiose Wüstenvegetation, bevor die Straße 78 nach Westen ins kühlere Küstengebirge führt und Kaliforniens »Apfelhauptstadt« Julian erreicht.

Eine gewaltige Schlucht bildet den Mittelpunkt des Kings Canyon National Park. oben
In den Uferwäldern des Kings River im gleichnamigen Nationalpark kann man Waschbären mit ihrer Augenbinde begegnen. Mitte und unten

Die Joshua Trees sind das Markenzeichen des gleichnamigen Nationalparks. oben
Im Frühjahr überrascht die Mojave-Wüste den Besucher mit blühenden Kakteen. Mitte und unten

An der Bade- und Surfküste. Bei der reizvoll an der durch die Point-Loma-Halbinsel abgeschirmten San Diego Bay gelegenen Millionenstadt *San Diego*, dem ersten großstädtischen Etappenziel seit Las Vegas, kann man sich endlich in die Fluten des Pazifiks stürzen. Und nach einer Fahrt entlang der Sonnenküste Südkaliforniens durch Orte mit klangvollen Namen wie La Jolla, Oceanside, San Clemente, Laguna Beach und Newport Beach erreicht man schließlich den Ballungsraum *Los Angeles*. An diesem Dschungel aus Autobahnen, Straßenkreuzungen, Häuserschluchten und Wolkenkratzerinseln scheiden sich die Geister. Nach wie vor zieht hier Hollywood mit seinen Reminiszenzen an die Filmgeschichte die meisten Besucher an. Mit ganz anderen Reizen wartet der Stadtteil Beverly Hills auf. Am Rodeo Drive reihen sich die Niederlassungen von Nobelfirmen wie Tiffany und Valentino aneinander. Der Highway 1 (siehe Seite 18) verbindet Los Angeles mit der Bucht von San Francisco. Streckenweise, wie zwischen Ventura und Santa Barbara, ist er als vielspurige Autobahn ausgebaut, zwischen Cambria und Carmel folgt er dagegen als schmales Asphaltband in 1000 Kurven und Serpentinen der überwältigenden Steilküste von Big Sur. Auf diesem Abschnitt steht keine einzige Verkehrsampel und eine Verbauung konnte bisher durch strikte Gesetze verhindert werden.

Um die Bucht von Monterey. Das 5000 Einwohner zählende Städtchen *Carmel* geriet vor einigen Jahren in die Schlagzeilen, weil die Bürger den Western-Star Clint Eastwood zum Bürgermeister gewählt hatten. Kulturfreunden ist der Küstenort eher

wegen der 1771 gegründeten Mission San Carlos Borromeo del Río Carmelo bekannt. Dort wurde in einem steinernen Sarkophag der kalifornische Missionsgründer und Franziskanerpater Junípero Serra nach seinem Tod 1784 zur letzten Ruhe gebettet. Bevor die Mission in Carmel aufgebaut wurde, befand sie sich im Nachbarort *Monterey*, der über den berühmten Seventeen-Mile-Drive erreichbar ist. John Steinbeck setzte der Stadt mit seinem Roman »Cannery Row« (»Die Straße der Ölsardinen«, 1945) ein literarisches Denkmal. Die alten Fischfabriken stehen inzwischen nicht mehr. Auf einem ehemaligen Fabrikgelände entstand mit dem Monterey Bay Aquarium einer der besten Meereszoos der USA.

Über das nette Universitätsstädtchen *Santa Cruz* und *San José*, Kaliforniens drittgrößte Stadt, führt die Rundreise zur Golden Gate Bridge über die San Francisco Bay und damit wieder zum Ausgangspunkt der Fahrt zurück.

Immer höhere Wolkenkratzer ragen in Downtown Los Angeles in den Himmel – wie hier am Pershing Square. links
In den Villen am Malibu Beach sind berühmte Filmstars zu Hause. oben
Eine täuschend echte Kulisse: Wandgemälde in den Universal Studios von Burbank, einem nördlichen Vorort von Los Angeles. unten

Planen und erleben ...

Friedliche Idylle: der Garten der Mission San Luís Obispo. oben
Auf vielen Campingplätzen gibt es komfortable, gut ausgestattete Hütten. Mitte
Nostalgie pur: Oldtimer in Virginia City. unten

DIE HIGHLIGHTS

Napa Valley

Im Napa Valley erwartet den Besucher eine Vielzahl von Feinkostgeschäften, Landgasthöfen und Gourmet-Restaurants. Mit dem Napa Valley Wine Train kann man von der Stadt Napa aus dreistündige Zugfahrten zum 58 Kilometer entfernten St. Helena und zurück unternehmen. Unterwegs werden in historischen Salonwaggons Feinschmeckermahlzeiten und vorzügliche Weine serviert.

San Diego

Noch steht San Diego im Schatten der Küstenmetropolen San Francisco und Los Angeles. Doch die Stadt an der mexikanischen Grenze ist im Kommen: Das vor dem Abbruch gerettete und unter Denkmalschutz gestellte Gaslamp Quarter im Stadtzentrum übt seit seiner Sanierung beträchtliche Anziehungskraft auf die Touristen aus. Das gilt auch für den Balboa Park mit seinen Museen und dem San Diego Zoo sowie für das Meeresaquarium Sea World.

Los Angeles

Entlang dem Hollywood Boulevard verläuft der berühmte »Walk of Fame«. Über 2000 in den Gehsteig eingelassene Sterne sind hier großen Stars aus Film, Fernsehen und Showbusiness gewidmet. Nur die Paramount Studios produzieren noch in Hollywood. Andere wie etwa die Universal Studios sind in den Vorort Burbank umgezogen. Einen reizvollen Blick auf die Stadt hat man vom Griffith Observatory in den Hollywood Hills. Das historische Zentrum von Los Angeles liegt im so genannten Pueblo de Los Angeles an der Olvera Street in unmittelbarer Nachbarschaft der Union Station. Von dort sind Chinatown, Little Tokyo, das Civic Center, das renommierte Museum of Contemporary Art und der Business District zu Fuß erreichbar. Die Verbindung zwischen Downtown und Beverly Hills stellt der Wilshire Boulevard her. An ihm liegen die La Brea Tar Pits, ein natürlicher Teersumpf, und das Los Angeles County Museum of Art, das Bilder berühmter alter Meister und viele Rodin-Skulpturen besitzt. Weiter westlich in Brentwood entstand in einem altrömischen Palast das neue Fine Arts Getty Center, das zu den besten Kunstmuseen der USA gehört. Der Ballungsraum endet im Westen mit den reizvollen Küstenorten Santa Monica und Malibu. Ein Muss auf jeder Los-Angeles-Reise ist der Besuch in Venice Beach mit der wohl ausgeflipptesten Strandpromenade der Welt.

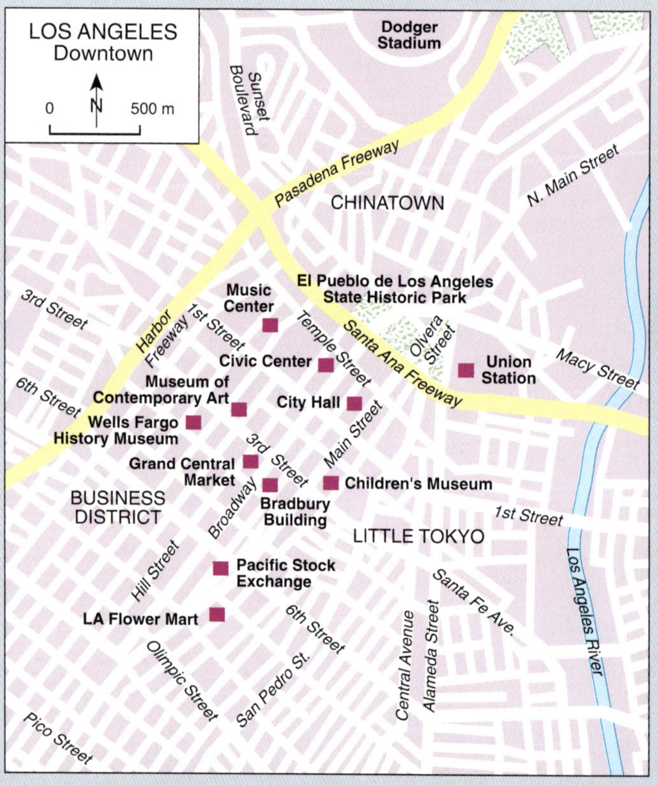

Mission Trail

Im 18. und 19. Jahrhundert gründeten die Spanier entlang der kalifornischen Küste 21 Missionsstationen, die durch den historischen Camino Real (Königsstraße) verbunden waren. Heute unter dem Namen Mission Trail bekannt,

Die interessantesten Geisterstädte
Zu den bedeutenden Goldfundstätten des 19. Jahrhunderts gehörte das in der östlichen Sierra Nevada auf einer 2400 Meter hohen, einsamen Ebene gelegene Bodie. Von der 1870 etwa 10 000 Einwohner großen Stadt sind heute nur noch alte Schachtanlagen, windschiefe Holzhäuser, verrostete Loren und eine kleine Kirche erhalten. Bodie galt zu seinen Boom-Zeiten als besonders verkommen; heute ist die malerische Geisterstadt ein sehenswerter State Historic Park mit über 150 restaurierten Holzhäusern.
Einen ganz anderen Charakter besitzt Calico östlich von Barstow. Nach der Entdeckung einer reichen Silberader 1881 entstand dort eine Stadt, die bis zu 3000 Einwohner hatte. Auf den Silberboom folgte der Abbau von Borax, einem wichtigen Rohstoff der chemischen Industrie, später der völlige Niedergang. Wahrscheinlich wäre heute von Calico nichts mehr erhalten, wenn sich nicht ein Vergnügungsparkbetreiber aus Los Angeles entschlossen hätte, den Ort wiederaufbauen zu lassen.

beginnt diese Route in San Diego und führt in nördlicher Richtung zu einigen renovierten Missionen wie San Luís Rey de Francia westlich von Oceanside, San Buenaventura in Ventura, Santa Barbara in der gleichnamigen Küstenstadt, San Carlos Borromeo del Río Carmelo im Ort Carmel und San Francisco de Asís im Mission District von San Francisco.

San José
Nur einen Steinwurf vom Highway 280/880 entfernt verbirgt sich die bekannteste Sehenswürdigkeit der Stadt hinter hohen Hecken und ausladenden Baumkronen: Am Winchester Mystery House, einer riesigen Villa mit Giebeln und Türmchen, wurde 38 Jahre lang gebaut. Sarah Winchester, die Witwe des berühmten Flintenfabrikanten, ließ das verwinkelte Haus mit 160 Räumen zwischen 1884 und 1922 im viktorianischen Stil errichten. Ein Wahrsager soll ihr prophezeit haben, sie bleibe am Leben, solange an dem Komplex gearbeitet werde.

ON THE ROAD
Die Straßenverhältnisse in und um die Sierra Nevada werden in der kalten Jahreszeit durch die häufig heftigen Schneefälle stark beeinträchtigt. Die günstigste Verbindung über das Gebirge ist dann die Interstate 80, die immer freigehalten wird.
Kleinere Strecken wie etwa die Tioga-Passstraße im Yosemite National Park oder der weiter nördlich gelegene Sonora-Pass bleiben zwischen Ende Oktober und Ende Mai geschlossen.

Ein Wechselbad der Temperaturen
Die Rundreise durch das südliche Kalifornien und die angrenzenden Gebiete Nevadas und Arizonas stellt für manchen Kreislauf eine harte Belastungsprobe dar, denn die Fahrt führt durch drei sehr unterschiedliche Klimazonen. Am Ausgangspunkt der Route in San Francisco kann kühler Nebel die Golden Gate Bridge verhüllen. Doch schon im Napa Valley oder spätestens in Sacramento wird man im Sommer kräftig ins Schwitzen kommen.
Die Hochlagen der Sierra Nevada bringen dann eine sehr willkommene Abkühlung, ehe man sich im wüstenhaften Südkalifornien von der Sonne wieder kräftig aufheizen lassen kann.

Entfernungen

km		km
km	**San Francisco**	3898
	203 km	
203	**Sacramento**	3695
	318 km	
521	**Reno**	3377
	631 km	
1152	**Kings Canyon NP**	2746
	624 km	
1776	**Death Valley NP**	2122
	234 km	
2010	**Las Vegas**	1888
	548 km	
2558	**Joshua Tree NP**	1340
	399 km	
2957	**San Diego**	941
	201 km	
3158	**Los Angeles**	740
	740 km	
3898	**San Francisco**	km

Der gewaltige General Sherman Tree im Sequoia National Park. links oben
Weinprobe im Napa Valley. links unten
Mann's Chinese Theater ist eines der Wahrzeichen von Hollywood. unten

Route **8**

Von Vancouver nach Anchorage

Endlose Tundra, einsame Seen und dichte Urwälder machen das westliche Kanada und Alaska, den größten Bundesstaat der USA, zum Inbegriff der Wildnis, in der eine grandiose Tierwelt Lebensraum und Schutz findet.

Ein Symbol für die herbe Schönheit Alaskas: das majestätische Massiv des Mount Denali (Mount McKinley), des höchsten Berges Nordamerikas.

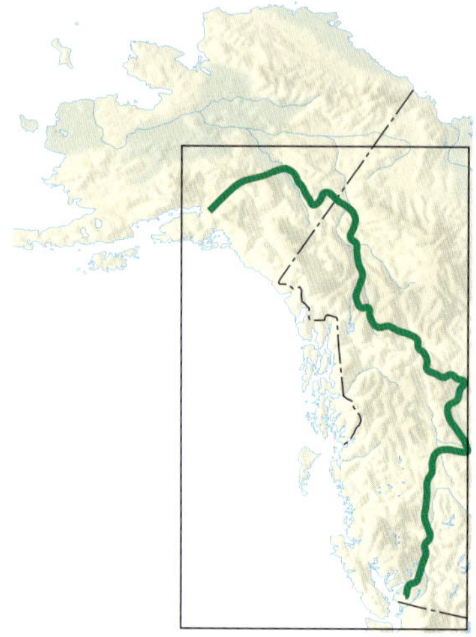

In der Einsamkeit des Nordens

Die strahlende kanadische Metropole Vancouver und die fast menschenleeren Weiten Alaskas: Zwei gänzlich unterschiedliche Welten bilden die Pole dieser Reise in den hohen Norden der USA. Wer die Natur und auch die Einsamkeit liebt, wird die Autotour durch das ländliche British Columbia, das urgewaltige Yukon Territory und durch Alaskas Wildnis als unvergessliches Abenteuer erleben.

Im Stanley Park, Vancouver: Totempfähle der Nordwestküsten-Indianer.

Nicht zuletzt wegen seiner herrlichen Lage an einem von Bergen eingerahmten Fjord besitzt *Vancouver* einen festen Platz unter den schönsten Städten Nordamerikas. Im Jahr 1886 als Holzfällersiedlung gegründet, macht die wirtschaftliche Metropole der Provinz British Columbia heute als bedeutendes Kultur- und Industriezentrum des westlichen Kanada von sich reden.

Lange bevor Einwanderer aus Schottland, Ungarn, Deutschland, Italien, den USA, den Niederlanden und aus England in den äußersten Südwesten Kanadas zogen, war hier der Stamm der Salish-Indianer beheimatet. Diese Menschen ernährten sich von den Schätzen des Meeres und führten in ihren aus Langhäusern errichteten Siedlungen ein relativ üppiges Leben. Als eine Art Chronik und Familienwappen schnitzten die Indianer riesige Totempfähle, wie sie heute noch in Vancouvers Stanley Park zu sehen sind. In der »grünen Lunge« der Stadt, die nicht weit vom Zentrum entfernt ist, befinden sich auch der Stanley Park Zoo und das Vancouver Public Aquarium, in dem Shows mit Seehunden und Schwertwalen gezeigt werden. Den alten Kern Vancouvers bildet das Viertel Gastown, in dem der Stadtgründer, Gassy Jack, 1867 den ersten Saloon eröffnet hatte. Heute steht der legendäre Wirt in Bronze gegossen auf einem Whiskyfass und blickt auf die umliegenden Kneipen und Restaurants, die sich seit damals völlig verändert haben. Vancouvers Geschäftszentrum erstreckt sich um die belebte Robson Street, die von Theatern, Einzelhandelsgeschäften, exklusiven Boutiquen und Bars gesäumt wird. Noch etwas mondäner geht es in der Denman Street zu, in deren schicken Cafés man sich bei einem Cappuccino zum »people watching« einfindet.

Durch wilde Schluchten. Östlich von Vancouver verläuft der Trans Canada Highway 1 durch das breite Tal des unteren Fraser River, auf dessen Sedimenten die Bauern der Region Weideflächen angelegt haben oder Gemüse züchten. Bald verengt sich jedoch das Flusstal und wird nördlich des Dorfes Hope sogar so schmal, dass kaum Platz für die Autostraße bleibt, die daher durch zahlreiche Tunnels geführt werden muss. Am imposantesten ist der Canyon des Fraser River in der Umgebung des *Hells Gate*. Eine Seilbahn bringt Besucher zum reißenden und stets wasserreichen Fluss hinunter, in dem im Frühherbst trotz des schlammigen Wassers in den Lachsleitern ab und zu Lachse bei der Rückkehr in ihre Laichgründe zu beobachten sind.

Bei der kleinen Ortschaft Lytton, die bereits in einer hochwüstenartigen Um-

Blick vom Stanley Park auf die Skyline von Vancouver, das als Kanadas Tor zum Fernen Osten gilt.

Die Region um den legendären Chilkoot Pass ist heute ein beliebtes Wandergebiet. oben
Im Denali National Park hat man gute Chancen, einen Elch aus nächster Nähe vor die Kamera zu bekommen. unten

gebung liegt, verlässt der Trans Canada Highway den Fraser River und führt die *Schlucht des Thompson River* entlang, die sich nach Norden hin weitet und schließlich in ein trockenes Hochtal übergeht. Von Cache Creek bis Prince George verläuft der Cariboo Highway (Straße 97) durch eine recht einsame Gegend, in der sich entlang der Straße, abgesehen von dem 10 000 Einwohner großen *Williams Lake*, nur kleine Dörfer finden lassen.

Im Land der Abenteurer. Die nächste Station der Reise, die Stadt *Dawson Creek*, erlebte einen beträchtlichen Aufschwung, als 1942 der Bau des Alaska Highway begann. Das amerikanisch-kanadische Gemeinschaftsprojekt sollte Alaska und das kanadische Yukon Territory aus militärstrategischen Gründen mit dem weiter südlich gelegenen Straßennetz verbinden. Seither spielt der Ort im malerischen Tal des Peace River als Startpunkt der großen Abenteuerroute in den hohen Norden eine Rolle. Mitten auf der Kreuzung der 10th Street und der 102nd Avenue steht der berühmte Milepost Zero, der den offiziellen Beginn des Alaska Highway markiert. *Fort Nelson* bietet gute Möglichkeiten zu tanken und Vorräte einzukaufen, bevor Amerikas längste Nordlandstraße durch die Rocky Mountains und damit zunächst zum knapp 1300 Meter hohen Summit Pass hinaufführt. Erste Erscheinungen von Müdigkeit verscheuchen viele Nord-Reisende durch ein Bad in den 37 Grad Cel-

»Alaska fesselt uns durch seine raue Struktur, überwältigt uns durch seine Dimensionen und packt uns durch seine Menschen, die in erbarmungsloser Natur leben …«

Wolf U. Cropp, Alaska-Fieber, 1983

Auf dem John Hart Highway durchquert man die einsame Wald- und Seenlandschaft im Norden British Columbias. oben

Fast die Hälfte aller Einwohner Alaskas lebt in Anchorage. Die Stadt am Cook Inlet wird von den imposanten Chugach Mountains überragt. Mitte

In der Front Street von Dawson ist die Zeit des Goldrauschs bis heute lebendig. unten

Wenn auch der Klondike Loop inzwischen größtenteils asphaltiert ist: Der Mythos von den Alaska Highways als »Straßen der harten Männer« existiert bis heute. oben
Zwölf Stunden braucht die Alaska Railroad, um die Strecke von Fairbanks nach Anchorage zurückzulegen, die als eine der abenteuerlichsten Eisenbahnrouten der USA gilt. Hier überquert der Zug den Riley Creek im Denali National Park. rechts

sius warmen Schwefelquellen des Liard Hot Springs Park bei Kilometer 799. *Watson Lake* bildet ein weiteres Etappenziel und zugleich die Pforte zu Kanadas hohem Norden, dem Yukon-Territorium. Ein heimwehkranker Amerikaner stellte dort 1942 das Ortsschild seiner Vaterstadt Danville/Illinois auf, dem sich seither etwa 25 000 weitere aus der ganzen Welt hinzugesellten und einen fotogenen Schilderwald, den Sign Post Forest, bilden.

Weiter geht die Fahrt nach *Whitehorse*, der Hauptstadt des Yukon Territory. In der Ende des 19. Jahrhunderts im Zuge des Goldrauschs am Klondike entstandenen Siedlung schifften sich viele Goldgräber ein, um auf dem Yukon River in den hohen Norden zu gelangen.
Auch während des Baus des Alaska Highway spielte der Ort als Materialdepot und Warenumschlagplatz eine wichtige Rolle.

Auf dem Weg durch das Yukon Territory werden die Orte, Tankstellen und Motels immer seltener – und die Natur zeigt sich immer ursprünglicher und großartiger. oben
Rund um die Uhr befördert eine kleine Fähre die Reisenden bei Dawson über den mächtigen Yukon. unten

Glanz vergangener Tage. Der nördlichste Ort Kanadas auf der Route nach Alaska ist das legendäre *Dawson*, eine ehemalige Goldgräberstadt. Heute ist sie allerdings nur noch ein Schatten ihrer selbst. Vier Jahre nach den Goldfunden am nahe gelegenen Bonanza Creek, einem Nebenfluss des Klondike River, hatte die Stadt bereits 30 000 Einwohner und bildete den größten Ballungsraum westlich von Winnipeg und nördlich von San Francisco. Allein von 1896 bis 1904 wurde im Klondike und seinen Zuflüssen Gold im Wert von über 100 Millionen Dollar entdeckt. Theater, Opernhäuser, Spielsalons, Kneipen, exklusive Restaurants, Tanzhallen, Bordelle und Geschäfte schossen zu dieser Zeit wie Pilze aus dem Boden. Heute prägt nurmehr ein nostalgisches Flair die von windschiefen Hausruinen gesäumten Straßen der 800-Seelen-Gemeinde.

Fortsetzung Seite 158

Chilkoot Trail: der berühmteste Goldgräberpfad des Nordens

Am Ufer des Klondike suchten die Männer nach dem kostbaren Edelmetall. oben In seinem Roman »Alaska Kid« setzte Jack London (1876–1916) den wagemutigen Abenteurern ein Denkmal. Mitte und unten

Drei Männer, George Carmack, Skookum Jim und Tagish Charlie, schrieben 1896 nordamerikanische Geschichte, als sie am Bonanza Creek in der Nähe des heutigen Dawson im kanadischen Yukon Territory Goldnuggets aus dem Schotter des Flussbetts wuschen. Ein Jahr nach ihrem spektakulären Fund legte das aus Skagway in Alaska kommende Dampfschiff »Portland« in Seattle an und löschte eine legendäre Fracht: eine Tonne Gold aus den eiskalten Bächen des hohen Nordens. In Windeseile ging die Nachricht um den Erdball und löste einen Goldrausch aus, der demjenigen, den Kalifornien 50 Jahre zuvor erlebt hatte, kaum nachstand. Goldgräber und Abenteurer stürmten die Häfen, um sich nach Skagway einzuschiffen. Dort gingen 1897 Zehntausende von Bord, um mit Sack und Pack ins Land der Goldfunde zu ziehen. Aber gleich auf dem ersten Teilstück der Überlandroute von Dyea zum Lake Bennett stand ihnen eine der härtesten Prüfungen bevor: der 1082 Meter hohe Chilkoot Pass.

Wer den 53 Kilometer langen Chilkoot Trail heute in Angriff nimmt, wird sich über die abenteuerlichen Geschichten Jack Londons wundern, die von den unsäglichen Strapazen der Goldsucher bei der Überquerung des Gebirges berichten. Der Wanderweg setzt zwar gute Kondition voraus und ist in seiner letzten Passage über den Pass steil und von Schotter übersät, stellt aber geübte Hiker vor keine Probleme.

Die Goldgräber brachen jedoch unter anderen Voraussetzungen auf: Am Lake Bennett, wo die Grenze zwischen Alaska und British Columbia verläuft, errichteten die kanadischen Behörden einen Kontrollposten, an dem nur jene Prospektoren durchgelassen wurden, die eine obligatori-

Abenteuer Inside Passage

Seit Jahren gehören sommerliche Kreuzfahrten von Seattle oder Vancouver nach Alaska zum Standardrepertoire des Nordamerikatourismus. Eine besonders beliebte Route ist die so genannte Inside Passage, eine Tour durch die Inselwelt der amerikanisch-kanadischen Pazifikküste, die bis in die grandiose Glacier Bay Alaskas führt. Die luxuriösen Schiffe fahren dabei so dicht an der Küste entlang, dass die Fjorde, Gletscher und Schärenlandschaften zum Greifen nah erscheinen und Begegnungen mit Weißkopfseeadlern, Delfinen und Walen keine Seltenheit sind. Zu den angesteuerten Häfen gehören meist die amerikanische Regenhauptstadt Ketchikan mit ihren Zeugnissen alter Indianerkultur, Juneau, die Hauptstadt des nördlichsten amerikanischen Bundesstaats, und das hübsche Sitka, in dem die Zwiebeltürme der St. Michael's Cathedral noch heute an die russische Vergangenheit Alaskas erinnern.

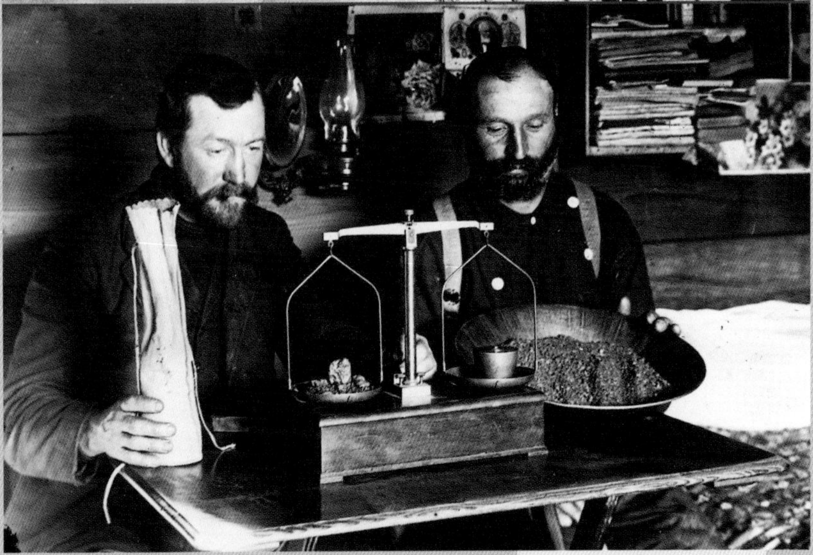

Tausende überquerten den Chilkoot Pass, um am Ufer des Klondike nach dem kostbaren Edelmetall zu suchen.

sche »Tonne« Versorgungsgüter und Ausrüstung vorweisen konnten. Dazu zählten etwa 175 Kilo Mehl, 40 Kilo Haferflocken, 50 Kilo Bohnen, zehn Kilo Reis, ein Kilo Hefe, sieben Kilo Kerzen, zwei Kilo Streichhölzer, zehn Kilo Kaffee, fünf Kilo Seife, zehn Kilo getrocknete Äpfel, Kocher, Bratpfanne, Besteck, mehrere Werkzeuge, Spitzhacke, Schaufel, sieben Kilo Nägel, ein Schlitten und eine Goldwaage. Diese Bedingung wurde gestellt, nachdem viele Goldsucher aus Mangel an Proviant und Ausrüstung auf dem Chilkoot Pass ums Leben gekommen waren. Heute bietet der Chilkoot Trail Wanderern die Gelegenheit, nicht nur die Naturschönheiten der Region, sondern auch die Geschichte des Pfades kennen zu lernen. An vielen Stellen liegen noch Gegenstände, die von den erschöpften Lastenträgern weggeworfen wurden oder beim Treck über den Pass verloren gingen. Da der Trail über die internationale Grenze führt, müssen die Grenzformalitäten vorab von Skagway aus erledigt werden. Für Übernachtungen stehen am Chilkoot Trail acht Campingplätze und drei Hütten zur Verfügung, die in der Hauptsaison von Juni bis September häufig belegt sind. Wildes Campen ist nicht gestattet. Auskünfte erteilt der National Park Service in Skagway.

Der »Top of the World Highway«, der von Dawson nach Alaska führt, verläuft fast ausschließlich oberhalb der Baumgrenze.

In der Stadt Dawson Creek beginnt der Alaska Highway. oben
Lohnenswert ist der Abstecher zum einsamen Atlin Lake. rechts

Fast am Ende der Welt. Durch riesige einsame Nadelwälder führt der Weg über die Grenze nach Alaska und auf dem Taylor Highway weiter bis nach Tetlin Junction. Zu den wenigen Spuren menschlicher Zivilisation gehört die Raststätte in Chicken, in der man bei einer Tasse Kaffee und einem Apple Pie den neuesten Goldgräberstorys und Verwandtschaftsdramen lauschen kann.
In Delta Junction endet der Alaska Highway, auch wenn viele *Fairbanks* als Endpunkt der legendären Straße ansehen. Erst in dieser gut 82 000 Einwohner großen Stadt im Herzen Alaskas fühlt man sich wieder im Schoß der Zivilisation. Typisch amerikanische Geschäfte, Imbissketten, Motels und Häuser, deren Fassaden an alte Westernortschaften erinnern, bestimmen ihren Charakter.

Elche und Grizzlys. In südlicher Richtung führt der Highway 3 in den *Denali National Park,* der sich um den 6194 Meter hohen Mount Denali, der früher Mount McKinley genannt wurde, ausbreitet. Mehrere Stun-

Blick vom Midnight Dome auf die Goldgräberstadt Dawson und den Yukon River. oben
Der Alaska Highway hat sich zur beliebten Ferienroute entwickelt. Mitte
Labor Day in Fairbanks, der einzigen Großstadt im Herzen Alaskas. unten

den fährt man mit dem Shuttle Bus auf der für Privatautos gesperrten Straße in den Park hinein, bis der Eisriese auftaucht. In der wilden Taiga und Tundralandschaft des Naturparadieses, das sich zur Zeit der Herbstfärbung von seiner schönsten Seite zeigt, bestehen gute Chancen, neben Karibus, Dall-Schafen, Elchen und Luchsen auch Grizzlys zu Gesicht zu bekommen.

Metropole in der Wildnis. Die Fahrt in den Norden endet in *Anchorage* am Cook Inlet, mit knapp 250 000 Einwohnern die größte Stadt Alaskas. Für die meisten Reisenden ist Anchorage, das nach einem verheerenden Erdbeben am Karfreitag 1964 zu einem großen Teil neu errichtet wurde, nur Ankunfts- oder Abflugort.
Viele Touristen nutzen die moderne Metropole aber auch als Ausgangspunkt für eine Tour in die zahlreichen sehenswerten Nationalparks des Bundesstaats oder auf die vor der Haustür liegende *Kenai Peninsula*, die entweder über den Highway 1 bzw. 9 oder auch mit dem Zug erreichbar ist.

Planen und erleben ...

Beliebt sind die luxuriösen Kreuzfahrten von Vancouver nach Alaska. oben
Am Labor Day (Tag der Arbeit), dem ersten Montag im September. Mitte
Watson Lake ist vor allem für seinen fotogenen Schilderwald bekannt. unten
Der Ort Skagway steht heute fast komplett unter Denkmalschutz. rechts

DIE HIGHLIGHTS

Vancouver
Eine grandiose Lage an der von Bergen gesäumten Burrard Inlet, historische Viertel, gepflegte Parks und eine moderne Skyline haben die Metropole des westlichen Kanada berühmt gemacht. Das Zentrum der Stadt bildet der Robson Square mit seinen unterirdischen Einkaufspassagen. Als neues Wahrzeichen gilt das am Hafen gelegene Bauwerk Canada Place mit einer zeltähnlichen Dachkonstruktion, einem Überbleibsel der Expo 86. Die bekanntesten alten Stadtteile sind das heutige Kneipenviertel Gastown und Chinatown, nach San Francisco das größte Chinesenviertel Nordamerikas. Granville Island, ein ehemaliges Industriegelände im alten Hafen, präsentiert sich nach seiner geschmackvollen Renovierung als Markt und Kulturzentrum. Unter den zahlreichen Museen der Stadt gebührt dem Museum of Anthropology, das sich überwiegend mit der Kunst und Kultur der Küstenindianer beschäftigt, besondere Aufmerksamkeit.

Whitehorse
An den Goldrausch am Klondike erinnert das MacBridge Museum, das auch Exponate zur Bergbaugeschichte der Region besitzt. Ebenfalls interessant ist das Yukon Transportation Museum, in dem vom Hundeschlitten bis zum Buschflugzeug unterschiedliche Transportmittel des Yukon Territory vorgestellt werden.

Dawson
Erst durch den beginnenden Tourismus erwachte die Stadt in den 1970er Jahren aus einem jahrzehntelangen Dornröschenschlaf. Trotzdem hat Dawson bis heute das Flair einer Geisterstadt bewahrt. Am Ufer des Yukon liegt der historische Schaufelraddampfer »SS Keno« vor Anker, der bis Ende der fünfziger Jahre zwischen Whitehorse und Dawson verkehrte. Dem Goldrausch am Klondike ist das Dawson City Museum gewidmet. Im 1899 erbauten Palace Grand Theater werden in der Sommersaison Western-Melodramen aufgeführt. Und in den historischen Blockhütten, in denen einst die bekannten Schriftsteller Jack London (1876–1961) und Robert Service (1874–1958) lebten, finden heute Dichterlesungen statt.

Fairbanks
Mit dem Flussdampfer »Discovery« kann man dreieinhalbstündige Touren auf dem Chena und Tanana River unternehmen, auf denen kenntnisreiche Führer allerhand Wissenswertes über Natur, Geschichte, Geologie und das heutige Leben in der Region erzählen. Das Schiff legt vor einem ehemaligen Camp indianischer Trapper an, in dem die Besucher sich zum Beispiel anschauen können, wie man einst im arktischen Norden Lachse trocknete und räucherte.

Anchorage
Lohnende Besichtigungsziele sind etwa das Anchorage Museum of History and Art, in dem vor allem Künstler aus Alaska ein Forum finden. Im Fort Richardson Fish and Wildlife Center erhalten Besucher einen Eindruck von der Vielfalt an Wildtieren, die in Alaska beheimatet sind. Flugzeug-Fans kommen im Alaska Aviation Heritage Museum auf ihre Kosten.

Die Natur ist kein Streichelzoo

Die Geschichten, die Ranger der Nationalparks über Mensch-Tier-Begegnungen erzählen, strotzen vor unglaublichen, zum Teil sogar bizarren Erlebnissen. Kein Wunder, dass der National Park Service (NPS) in Anbetracht des steigenden Besucheraufkommens darum bemüht ist, die Öffentlichkeit über Tierbeobachtungen in freier Wildbahn aufzuklären. Obwohl manche Arten durch den häufigen Kontakt mit Menschen auf gewisse Weise an Zweibeiner gewöhnt sind, handelt es sich doch immer noch um wilde Tiere. Das erste Gebot heißt deshalb: Abstand wahren und sich ruhig verhalten. Unruhe kann sich auf Tiere übertragen und zu aggressivem Verhalten führen. Besondere Vorsicht gilt, wenn man auf Tiere mit Nachwuchs oder auf Tiere in der Brunftzeit stößt. Selbst die ansonsten relativ friedlichen Wapiti-Hirsche können dann schnell zum Angriff übergehen.

ON THE ROAD

In Kanada gelten im Allgemeinen dieselben Verkehrsvorschriften wie in Europa. Im Unterschied zu den USA sind die jeweiligen Entfernungen dort nicht in Meilen, sondern in Kilometern angegeben und die Preise für Benzin und Diesel beziehen sich nicht auf Gallonen, sondern auf Liter. Innerhalb von Ortschaften beträgt die Höchstgeschwindigkeit in der Regel 50, auf zweispurigen Nebenstraßen 80 und auf Fernstraßen 100 Stundenkilometer.

Souvenirs

Früher, als die Fernstraße noch aus einer knochenharten Schotterpiste bestand, fanden in den Tankstellen und Andenkenläden am Alaska Highway T-Shirts und Autoaufkleber mit der Botschaft »I survived the Alaska Highway« reißenden Absatz. Seit die Strecke mit einer Asphaltdecke versehen wurde, ging mit den Steinschlagschäden an den Autos auch die Nachfrage nach diesen Souvenirs zurück – aber sie existieren noch.

Durch die Einsamkeit

In Alaska, das knapp fünfmal so groß ist wie Deutschland, leben allerdings nur etwa so viele Menschen wie im Großraum Köln. Ähnlich dünn besiedelt sind die nördlichen Teile von British Columbia und dem Yukon Territory. Auf den Überlandstrecken herrscht hier deshalb große Einsamkeit, auf die sich Reisende am besten schon vorab einstellen sollten. Entlang vieler Strecken tauchen in unregelmäßigen Abständen Raststätten, Unterkünfte oder Tankstellen wie winzige Inseln der Zivilisation in einem schier endlosen Meer aus Wald auf. Hier kann man etwa bei Unwettern Schutz suchen oder sich über Straßen- und Wetterverhältnisse erkundigen, da die Stationen in der Regel über Funk oder Radio mit der Außenwelt verbunden sind.

Entfernungen

km	**Vancouver**	4379
	77 km	
765	**Prince George**	3614
	107 km	
2184	**Watson Lake**	2195
	115 km	
2637	**Whitehorse**	1742
	86 km	
3166	**Dawson**	1213
	123 km	
3803	**Fairbanks**	576
	172 km	
4011	**Denali NP**	368
	107 km	
4379	**Anchorage**	km

In der Bucht von Skagway, einem wichtigen Anlegepunkt der Kreuzfahrtschiffe. links
Die Warnung ist ernst zu nehmen! links Mitte
Hier sollte man langsam fahren. links unten
Wer telefonieren möchte, muss schwindelfrei sein. unten

Vor der Kulisse der grandiosen Wolkenkratzer-Architektur von Chicago beginnt die Route 66.

Chicago Loop Exits
Washington Blvd 51C
Monroe St 51E
Jackson Blvd 51G
SPEED LIMIT 45
EXIT 50 B

Register

MENSCHEN

ORTE UND BEGRIFFE

Bildnachweis

Stefano Amantini/Atlantide, Florenz: S. 106 o., 108 o.
Archiv für Kunst und Geschichte, Berlin: S. 13 u.+M., 89 r.u.
Udo Bernhart, Langen: S. 19 (u.), 20
Massimo Borchi/Atlantide, Florenz: S. 18 M.
Manfred Braunger, Freiburg: S. 50 M., 51 M., 68 r.u., 69 o.
Verlag C.J. Bucher Archiv, München: S. 1, 14 u., 15, 68 o., 154/155
Corbis-Bettman, New York: S. 17, 84 M. und u.
Reinhard Eisele, Augsburg: S. 116 M., 120 l.u.
Gerhard Eisenschink, Poing: S. 7 o., 10/11, 21 l., 22 r.M.+u., 95/96, 97
Rainer Hackenberg, Köln: S. 98 l.o.+u.
Paul Hahn/laif, Köln: S. 103 r.u.
Christian Heeb, CH - St. Gallen: Schutzumschlag Vorderseite (kleines Bild Mitte), S. 6 2.v.o., 12 o., 16, 19 l.M., 30 M., 40/41, 43, 44 r., 45 o., 46 u., 52/53, 98 M., 106 u., 108 u., 109 r., 120 o., 130, 135 r.o., 162/163
Joachim Hellmuth, München: Schutzumschlag Vorderseite (großes Bild), S. 2/3, 4/5, S. 6 3.v.o., u., 18 o.+u., 21 u., 22 o., 23, 46 o., 59 o., 60/61, 76–93, 97, 98 u., 100 r., 101 o., 102 l.o.+u., 103, l.+u., 104/105, 107, 108/109 M., 110, 111, 126 l.M.+u. 131, 132–145
Peter Hirth/transit, Leipzig: Schutzumschlag Vorderseite (kleines Bild unten) S. 7 u., 19 o., 21 o.+M., 42, 44 o., 45, 46 r., 47–49, 54, 56/57, 58, 59, 62–75, 125 r.o., 132 u. 146–153, 156–161, 167
H.P. Merten, Kastel-Staadt: S. 35
Sammy Minkoff, Schondorf/Ammersee: S. 31 r.M.
Axel M. Mosler, Dortmund: S. 30, 32 u.
Santa Fe Trail Center, USA - Larned, Kansas: S. 14 l.
Axel Schenck, Bruckmühl: Schutzumschlag Rückseite S. 7 2.+3.vl., 50, 51, 54 l.u., 55, 73 r.o., 102 M., 112–126, 145 l.u.
Hubert Stadler, Fürstenfeldbruck: Schutzumschlag Vorderseite (kleines Bild oben), S. 6 o., 24–28, 31–34, 36, 37, 38, 39, 44 u.
Jochen Tack/Das Fotoarchiv., Essen: S. 102 r.u., 103 r.o.

Eine verwunschene Allee führt zur Wormsloe State Historic Site, einer historischen Verteidigungsanlage bei Savannah. links

Impressum

Unser Gesamtverzeichnis
finden Sie unter:
www.bruckmann.de

Lektorat: Simone Calcagnotto
Layout: graphitecture book, Rosenheim
Konzeption: Axel Schenck, Bruckmühl
Repro: Artilitho, I-Trento
Umschlaggestaltung: H3A, München
Herstellung: Bettina Schippel

Alle Karten dieses Bandes zeichnete Astrid Fischer-Leitl, München.

Textnachweis
Das Special auf Seite 146 schrieb Stefan Nink. Er arbeitet als Hörfunkmoderator und Filmemacher und schreibt regelmäßig für renommierte Tageszeitungen und Magazine. Lebt in Mainz.

Alle Angaben dieses Werkes wurden sorgfältig recherchiert und auf den aktuellen Stand gebracht sowie vom Verlag geprüft. Für die Richtigkeit der Angaben kann jedoch keine Haftung übernommen werden. Für Hinweise und Anregungen sind wir jederzeit dankbar. Bitte richten Sie diese an:

Bruckmann Verlag
Produktmanagement
Innsbrucker Ring 15
D–81673 München
E-Mail:
lektorat@bruckmann.de

CIP-Einheitsaufnahme
Ein Titeldatensatz für diese Publikation ist bei der Deutschen Bibliothek erhältlich.

(Neuausgabe des Titels »Traumstraßen USA« erschienen im Südwest Verlag, Econ Ullstein List Verlag GmbH & Co. KG, München)
ISBN 3-7654-4444-8